착한 기업에 투자 하라

아라이 가즈히로 지음 신혜은 옮김

'착한 투자'로 성공한
너무도 비상식적인
'투자법칙'

이콘

제3장 '경영효율이 나쁜 소형주'로 '위험'은 기회가 된다
– '위험'을 재정의하다

제4장 '싸게 사서 비싸게 판다'에 필요한 것은 금융공학이 아닌 '신뢰'
– '투자'를 재정의하다

제7장 | 금융기관의 역할은 돈에 잠들어 있는 '이어주는 힘'으로 사회를 움직이는 것 — '금융'을 재정의하다

들어가며

"당신들, 남의 돈으로 사회실험이라도 하겠다는 건가?"

2010년 초, 저는 날이 선 비판의 자리에 섰습니다.

가마쿠라투신鎌倉投信을 설립하고 1년 이상의 시간이 지나 세상에 내놓게 된 투자신탁 상품의 운용개시를 앞두고 개최한 투자설명회에서 저희는 매번 냉엄한 비판의 목소리를 들어야 했습니다.

그도 그럴 것이, '유이2101'*이라 이름 붙인 이 금융상품은 프로 투자자가 도저히 이해 못 하겠다고 거부할 정도로 '비상식'적인 것이었습니다.

그러나 당시 저는 이런 거부반응에 대해 전혀 신경 쓰지 않

───
● 結い2101, '맺음' '이어짐'의 뜻을 갖고 있다.

았습니다. 오히려 이제 시작이다라는 두근거림이 앞섰습니다.

제가 낙관주의자라서 혹은 거부당하면 오히려 열정이 솟는 사람이라서 그런 것은 아닙니다. 저 역시 틀렸다고 거부당하면 의기소침해지고 욕을 먹으면 울고 싶을 때도 있습니다.

그렇다면 대체 무슨 이유였을까요?

당시의 저는 이미 긴 시간 동안, 정말 긴 시간 동안 고통받은 '불신'의 터널에서 빠져나와 이윽고 '믿을 수 있는 것'을 찾아냈기 때문입니다. 그 당시 저는(물론 지금도) 쏟아지는 비난 따위에 끄떡하지 않을 만큼 '유이2101'이란 상품과 가마쿠라 투신의 투자철학에 확신이 있었습니다.

우리는 이제 앞으로 무엇을 믿으면 되는 걸까요?

사회를 지켜보면, 기업은 소비자를 기만하고 금융은 때때로 붕괴하여 이 세상에 믿을 수 있는 것은 이제 없으리란 생각이 들 정도입니다. 특히 2008년 리먼 브라더스의 파산 쇼크 직후에는 기업과 금융에 대한 불신이 매우 만연해 있었습니다. 사회와 사람들의 삶과 마음에 남은 상처는 깊고 생생하기만 했습니다.

저 자신도 당시에는 마음이 쓰라렸습니다. 외국계 금융기관에서 수조 엔에 이르는 방대한 금액을 운용하는 사이에 몸이 비명을 지르는 듯 망가져 버렸고 이를 계기로 10년 동안 의심 없이 신봉했던 '투자는 과학'이라는 철학에 의문을 갖기 시작한 것입니다.

그 절정의 순간은, 투자윤리의 사회적 책임에 대해 필사적으로 설명하는 중에 한 여성 직원이 저에게 의문을 제기했을 때였습니다.

"어째서 매일 주식을 사고파는 것이죠? 장기적으로 투자하면 이익을 얻을 수 있다고 하는데 말이에요."

과연 투자와 금융이 본래의 가진 힘을 제대로 발휘하고 있는 것일까? 사회에 대한 불신, 그리고 저 자신에 대한 불신이 저를 좀먹기 시작했습니다.

전환기가 되어준 것은 한 권의 책이었습니다.

사카모토 고지坂本光司 선생의 『일본에서 제일 소중히 하고 싶은 회사』(아사출판)라는 책입니다.

별 생각 없이 집어 든 이 책에는 직원의 70%가 장애인으로 구성된 일본이화학공업日本理化学工業이나 직원을 소중히 여기는 경영으로 48년 동안 계속해서 매출과 이익을 늘려온 이나식품공업伊那食品工業과 같은 '좋은 회사'들이 넘쳐났습니다. 경영이란 이익을 좇는 것이라는 지금까지 믿어 온 상식이 점차 무너져 내리는 놀라움의 연속이었습니다.

처음에는 그저 감동했을 뿐이었습니다. 이런 시대에 그리고 이 나라에 신뢰할 수 있는 회사가 있어서 다행이다. 그저 이렇게 느낄 따름이었죠. 하지만 그다음에 스친 것은 지금까지 고민한 모든 것이 뒤집어지는 듯한 느낌이었습니다.

'투자에는 이런 좋은 회사를 지지해 줄 힘이 있다.'

'금융은 돈을 통해서 이런 회사들을 이어주는 역할을 담당할 수 있다.'

사회적 책임을 다하면서도 이익을 내는 '좋은 회사'가 될 수 있었던 이유나 경영철학은, 금융기관이나 컨설턴트가 흔히 이용하는 숫자, 예를 들어 재무제표에는 나타나지 않습니다.

바꾸어 말하면, 그런 회사는 금융기관이나 투자자로부터 평가받기 어렵습니다. 만약 좋은 회사의 경영이 어려워진다면 금융기관은 경영철학이나 사장과 직원들의 열정과는 관계없이 그 회사를 쳐내어 버릴 것입니다.

하지만 이대로 괜찮을까요? 회사가 일구어 온 철학이야말로 성장의 원천인데 숫자만으로 판단하는 투자가 과연 정당한 것일까요? 이런 의문을 파고든 결과, '투자는 진심'이라는 이념에 다다르게 되었고 가마쿠라투자신탁이 탄생하게 되었습니다.

　불신의 터널을 빠져나와 기업을 그리고 투자라는 저의 일을 다시 한번 믿어볼 수 있게 되었습니다.

　그렇게 5년이 지난 지금, 이제 저에게는 두 가지의 기쁜 소식이 있습니다. 하나는 '숫자'입니다.

　신기하게 들릴지도 모르겠습니다만, 숫자의 측면에서 살펴보아도 결국에는 '좋은 회사'에 투자하면 금전적인 '투자의 열매'도 커진다는 것입니다.

　이는 프로 운용자인 제게도 더할 나위 없는 이야기로, 그렇기 때문에 2014년 5월 수백 개 존재하는 일본의 투자신탁 중에 1위를 차지할 수 있었다고 생각합니다('R&I 펀드 대상 2013'• 투자신탁 국내주식부문 최우수펀드상을 수상).

　이전에 들었던 "어째서 매일 사고파는 것이죠? 장기적으로 투자하면 이익을 얻을 수 있다고 하는데 말이에요"라는 질문에도 이제야 가슴을 펴고 대답할 수 있게 되었습니다.

　그리고 또 하나는 '말'입니다. 투자자와 기업관계자 양쪽으로부터 감사하다는 말을 듣는 일이 늘었습니다.

　"아라이 씨의 말이니 기업도 믿을 수 있고 돈도 안심하고 맡

• 일본경제신문 계열사로 일본의 신용평가투자정보센터의 하나.

길 수 있어요."

"가마쿠라투자신탁이 숫자로 알 수 있는 실적 이외의 면에
대해서도 신중히 평가해주니 우리 회사는 더욱 성장할 수 있
었어요."

이것 외에도 기쁜 '말'이 또 있습니다.

**"가마쿠라투자신탁이 보았을 때 우리 회사는 아직 사회적
책임에 대한 노력이 부족합니까?"**

토마토 가공식품으로 유명한 식품회사 가고메カゴメ의 IR 담
당자로부터 직접 받은 질문입니다. 가고메는 주주를 '팬(fan)'
이라고 칭하며 개인투자자를 소중히 여기는 것으로 유명합니
다. 이런 회사로부터 직접 전화를 받을 때면 '우리 같은 벤처
수준의 운용회사를 신경 쓰고 있다니'라는 생각에 눈시울이
뜨거워집니다. 이후, 가고메의 고문을 맡고 있는 나가이 스스
무長井進 씨를 만나 서로의 생각을 공유한 뒤 적당한 수순을 밟
은 결과, 가고메는 현재 '유이2101' 포트폴리오의 일원이 되었
습니다.

창업한 지 7년, 운용을 시작한 지 겨우 5년밖에 되지 않은
금융벤처에 왜 이런 일들이 벌어지는 것일까요? 저는 사회와
기업 그리고 돈을 다시 한번 믿어보고 싶은 사람들의 마음을

움직였기 때문이라고 생각합니다.

'정말로 착한 마음만으로 투자가 잘 될까?'

'그런 투자가 좋은 이유는?'

이 책을 통해 이런 의문들에 답해보고자 합니다. 앞으로 소개하는 투자에 대한 새로운 생각이, 독자 여러분이 신뢰할 만한 사회를 그리는 데 도움이 된다면 그보다 더 기쁜 일은 없을 것입니다.

'착한 투자'로
성공한

제1장

너무도
비상식적인
'8가지
투자법칙'

'좋은 회사'에 투자하는 펀드가

1위가 된다는 것

가마쿠라투자신탁은 2008년 11월, 리먼 브라더스의 파산 쇼크가 한창이던 시기에 설립된 벤처 운용회사입니다.

변해가는 사회를 어떻게든 구해보고 싶다는 생각으로 가마쿠라*에 있는 85년이나 된 낡은 민가를 본사로 삼았습니다. 창업 후 첫 6개월은 이 낡은 민가의 리모델링에 할애했습니다. 건물 뒤로는 밭과 대나무숲이 있어 버섯 캐기도 할 수 있는 환경에서 근무하고 있습니다.

———
* 도쿄에서 남쪽으로 약 50km 떨어진 역사 관광 도시.

가마쿠라투신의 이념은 세 가지의 '와(わ)'입니다.

일본의 정신을 전하는 '와(和)', 가슴이 따뜻해지는 말을 중시하는 '와(話)', 사회와 사람의 이어짐을 표현하는 '와(輪)'. 이 와를 완수하기 위해 저희는 장場에 철저하고자 합니다. **'장 만들기'가 운용회사의 일이라고 생각하기 때문입니다.**

예를 들어, 가마쿠라투신에서는 수익자와 투자처가 만나는 '장'을 만들고 있습니다. 수익자란 '유이2101'이라는 투자신탁에 투자하고 있는 분들을 말합니다. 투자신탁의 세계에서 투

가마쿠라투신의 사무실. 저희의 손으로 리모델링한 이 낡은 민가는 사무실을 넘어 수많은 만남의 '장'이기도 합니다.

자자를 '수익자'라고 부르기 때문에, 이 책에서도 '수익자'라 칭하겠습니다.

운용회사는 투자자로부터 받은 돈을 선별한 기업들에 투자합니다만, 어떤 기업에 투자하는지 전부 밝히는 일은 없습니다. 하물며 투자하는 이와 투자받는 이가 만나는 일은 있을 수 없습니다.

그러나 가마쿠라투신이 운용하는 '유이2101'은 투자처를 전부 공개하고 있습니다. 게다가 1년에 한 번 수익자에 대한 운용 보고회인 '수익자총회'를 개최하고 있으며 이곳에서 투자기업과 직접 교류하는 '장'을 만들고 있습니다.

교토에서 열린 2013년도 총회에서는 당시 수익자의 10%에 해당하는 약 600명이 참가하였습니다. 그중 200명은 도쿄에서 고속열차인 신칸센의 비싼 차비를 자비로 치르면서 참석한 분들이었습니다.

다음 해인 2014년 요코하마에서 열린 총회에는 약 800명이 참석하였습니다. 당시의 수익자는 8,000명이 조금 넘었으니, 역시 10%에 해당하는 분들이 참석한 셈입니다. 보통, 주주총회의 참석률은 1% 정도라고 알려져 있으므로 경이로운 출석률이라 할 수 있습니다.

총회 운영에 필요한 접수 등의 업무는 수익자분들이 자원봉사로 도와주었습니다. 돈을 내고 총회에 참석하고 심지어 운영을 돕기까지 했습니다. 뭔가 신기한 풍경입니다.

음식점이나 숙박시설에서는 '돈을 냈다'는 것만으로 으스대며 돌아가는 사람들도 있습니다. 하지만 '유이2101'의 투자자는 다릅니다. 저는 수익자를 '사랑할 수밖에 없는 변태'라 부르고 있습니다(웃음).

덕분에 수익자가 맡긴 순자산은 약 130억 엔에 이르렀습니다(2015년 2월 현재). 그리고 2014년에는 가마쿠라투신이 운용하는 '유이2101'이 'R&I 펀드 대상 2013'에서 운용실적으로 투자신탁 국내주식부문 1위를 차지했습니다.

저는 이런 결과가 지금의 사회를 보여준다고 생각합니다.

예를 들자면 가마쿠라투신이 운용하는 '유이2101'의 돈은 '좋은 사회'에 투자되고 있습니다. 지금까지는 회사가 '좋은 일'을 하려면 그만큼 수입이 줄어들었습니다.

회사는 사회적인 존재임에도 불구하고 사회에 보탬이 되고자 하면 반대 현상이 발생합니다. 즉, 좀 어렵게 이야기하자면 사회성과 경제성 사이에 음의 상관관계가 있는 것입니다.

그러나 시대가 변했습니다.

사회성을 추구하면 고객의 신뢰가 생기고 결과적으로 기업

의 이득이 늘어나는 시대가 된 것입니다. 회사가 제공하는 상품과 서비스뿐만 아니라 그 자세와 사상까지 알고 싶어 하는 고객들이 늘고 있다고도 할 수 있습니다.

그러므로 사회성과 경제성이 이제 점차 양립하기 시작한 것입니다. 그중 한 증거가 'R&I 펀드 대상 2013'의 1위라는 결과라고 생각합니다.

이 상에는 '국내 SRI / 환경 관련 부문'이라 하여 기업의 사회적 책임을 평가하는 투자신탁을 대상으로 하는 부문도 있습니다. 그러나 '유이2101'은 전체 투자신탁을 대상으로 한 부문에서 1위가 된 것입니다. 이 소식을 듣고 저는 '시대가 달라졌다'고 생각했습니다.

프로 운용자는 항상 이기고 지는 것을 의식하기 마련입니다. 이전부터 저 역시 그랬습니다. 그런 제가 말씀드리는데 1위라는 결과는 우연으로 여길 만한 것이 아닙니다. 그렇다고 목표로 삼는다고 달성할 수 있는 것도 아니죠. 가마쿠라투신이라는 특이한 운용회사가 운용하는 상품이 1위를 차지할 수 있었던 것은 사회가 필요로 했기 때문이라고 말할 수밖에 없습니다.

이 세상에는 사회를 생각하고 올바른 일을 올바르게 행하는 분들이 있습니다. 예로부터 '올바름'을 우선하는 것에는 많은 희생이 뒤따랐습니다. 자신의 급여도 그렇고, 사회로부터의 평가도 그렇습니다. 그러나 이제 희생을 강요당할 필요가 없어졌습니다. '유이2101'도 이전에는 '착한 투자를 하는 금융상품이라는 말이 과연 성립할 수 있겠나'란 말을 들었습니다. 하지만 사회성과 경제성이 양립할 수 있는 지금, 저는 '성립한다'는 것을 증명했다고 생각합니다.

제2장부터는 저의 투자에 대한 생각을 몇 가지의 테마로 나누어 정리했습니다.

그러나 그 전에 가마쿠라투신이 운용하는 투자신탁 '유이2101'에 대해 간단히 소개하겠습니다.

왜냐하면 이 상품은 지금의 금융업계 '상식'과는 동떨어진 '비상식적인 상품'이기 때문입니다.

이전부터 투자신탁이나 금융상품을 잘 알고 계신 분들은 갑작스레 믿기 어려운 점도 있을 겁니다. 그리고 투자경험이 없는 분들은 '위험risk'이나 '수익return'과 같이 평소 잘 쓰지 않는 단어들이 등장하는 통에 조금은 어려우실 수도 있습니다.

완전히 이해하실 필요는 없습니다. 이 책을 읽어가며 저희의 사상을 어느 정도 이해해 주신다면 그걸로 만족합니다.

비상식①

목표는 '이기는' 것이 아니라 '응원'하는 것

6년쯤 전, '도비무시トビムシ'라는 회사를 경영하는 다케모토 요시테루竹本吉輝 씨가 가마쿠라투신을 방문한 적이 있습니다. 도비무시는 임업의 부활을 목표로, 특정 지역의 임업을 담당하는 회사와 나무젓가락의 유통망을 재구축하려는 회사를 산하에 두고 있습니다.

방문 날 저희는 차 한잔을 두고 5시간에 걸쳐 이야기를 나누었습니다. 임업의 구조, 현재 임업의 과제는 무엇인지, 어떻게 하면 사업화가 가능할지 대화를 나누면서 저는 임업의 부활이 도비무시에 달려 있다고 믿게 되었습니다(제가 이 회사의 어떤 면을 보고 신뢰할 수 있다고 판단했는지는 제5장에서 설명하겠습니다).

당시 도비무시의 재정 상황은 별로 좋지 않았습니다.

다케모토 씨는 가마쿠라투신으로부터의 자금조달을 기대하고 사업계획서를 가지고 왔습니다. 그런데 제가 임업에 대한 질문만 계속해대니 의아하게 생각했다고 합니다. 직접 "죄송합니다만 재무에 관한 이야기를 해도 되겠습니까?"라고 말을 꺼낼 정도였죠.

저는 투자처가 될 회사의 경영자와 만났을 때, 숫자에 관한 이야기는 별로 하지 않습니다. 매출이 얼마나 되는지, 이익률은 몇 퍼센트인지…….

일반적인 금융기관은 맨 처음 "창업하고 몇 년이나 되셨습니까?"라고 묻습니다. 도비무시는 회사 창업 후 얼마 되지 않았기 때문에 몇 번이나 문전박대를 당했겠죠. 이 세상의 금융기관들은 비즈니스의 사회적 의의에 그다지 관심을 두지 않습니다.

그러나 저는 경영자에게 자질이 있다면 숫자적인 성과는 따라오는 것이라고 생각합니다. 물론 자선 행위만으로는 존속할 수 없으므로 장기적으로는 매출과 이익 모두 중요합니다. 그러나 단기적으로는 숫자에 일희일비할 필요가 없다고 생각합니다.

이런 생각 끝에 적자 상태의 도비무시에 누계 1억 2천만 엔을 투자하게 되었습니다. 나중에 다케모토 씨는 이렇게 말했습니다.

"많은 금융기관은 위기를 극복한 뒤에 돈을 내어줍니다. 하지만 가마쿠라투신은 위기를 극복할 수 있도록 돈을 내어줬습니다."

가마쿠라투신이 운용하는 '유이2101'의 돈은 많은 '좋은 회사'에 투자되어 있습니다. 그 중 상당수가 소규모이거나 벤처기업입니다.

보통 이런 회사들은 자금조달에 어려움을 겪습니다. 일반 금융기관은 기업 규모나 매출이 얼마나 오래 지속될 수 있을지에 주목합니다. 오랫동안 존속하는 중소기업은 많습니다만 대기업에 비교하면 매출이나 이익 모두 적기 때문에 신용도가 낮습니다.

일반 금융기관은 흔히 '맑은 날에는 우산을 빌려주고 비가 오기 시작하면 우산을 회수해간다'는 말을 듣습니다. 즉, 회사가 안정적일 때는 '매출'이나 '이익'이 늘어나기 때문에 돈을 빌려줍니다만 구름의 움직임이 심상치 않을 때는 자금 회수에 들어갑니다. 그러니 비가 쫘 하고 내리는 정말로 힘든 시기에는 우산이 없는 것입니다.

그러나 '유이2101'은 창업한 지 얼마 안 되는 벤처기업이라도 투자합니다. 그것은 가마쿠라투신이 다른 펀드에 이기기 위해서가 아니라 '좋은 회사'를 응원하는 것을 목표로 하기 때문입니다.

세상에는 많은 펀드가 있고 그 운용은 '펀드매니저'라고 불리는 사람들이 맡고 있습니다. 저는 '유이2101'의 펀드매니저입니다.

펀드매니저는 운용성적을 좋게 하려고, 달리 말해 '운용성
적에서 다른 펀드에 이기기 위해' 지혜를 냅니다. 그때 지표가
되는 것이 일본 주식의 경우는 'TOPIX'입니다.

들어본 적이 있는 분들도 많을 겁니다. 도쿄증권거래소 1부
에 상장된 전 종목의 시가총액 움직임을 지표화한 것입니다.
많은 펀드매니저의 목표는 이 지수보다 더 좋은 성적을 내는
것입니다.

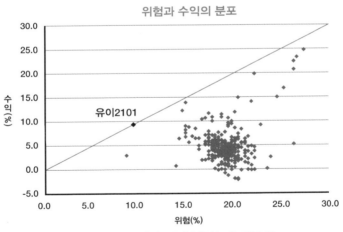

'유이2101'의 특징은 위험과 수익이 낮음에도 투자 효율이 높다는 것입니다.
(모집단은 'R&I 일본주식 액티브형' 357개 펀드, 2010년 4월~2013년 3월까지의 연율 환산
치로 산출. 작성: 가마쿠라투신)

그러나 저희의 목표는 좋은 회사를 응원하는 것입니다. 그래서 '유이2101'은 사실 저수익 펀드입니다. 고수익 펀드들과 비교하면 손해 보는 기분이 들지도 모르겠습니다. 하지만 실제로는 어떠한 논리에 의해 투자효율이 높습니다. 'R&I 펀드 대상 2013'을 수상할 수 있었던 것도 그 덕분입니다. 상세한 내용은 뒤에서 말씀드리겠습니다.

저희 가마쿠라투신은 승부에 집착하지 않습니다. 유리 혹은 불리하다는 개념도 없습니다. 좋은 회사를 발굴하고 '유이2101'을 통해 응원함으로 좋은 사회를 만든다. 이것이 목적입니다.

비상식②
투자자와 투자처 기업이 '연결되는' 기회가 있다

가마쿠라투신은 일 년에 한 번, '유이2101'의 '수익자총회'를 엽니다. 수익자총회는 기업으로 말하면 '주주총회'와 같은 것입니다. 그러나 그 분위기는 확연히 다릅니다.

먼저, 출석률이 굉장히 높습니다. 보통 주주총회의 출석률은 1%라고 알려져 있습니다.

그러나 '유이2101'의 수익자총회는 앞에서도 말씀드린 대로 수익자의 약 10%가 출석합니다. 교토에서 열린 2013년도 총회에는 약 600명이 참석하였고 요코하마에서 열린 2014년도 총회에는 약 800명이 참석했습니다. 경이로운 출석률이 아닐 수 없습니다.

총회에서는 주로 투자처 기업의 강연이 열리는데, 직접 질문할 수도 있고 사업의 상황을 확인하거나 경영자의 사람 됨됨이도 알아볼 수 있는 자리입니다.

앞에서 소개했던 도비무시의 다케모토 사장은 '유이2101'이 투자하기 전부터 이 수익자총회에 등단해왔습니다. 적자인 기업에 투자하는 것에 대해서 불만의 목소리가 없었던 것은 이런 자리가 있었기 때문일지도 모릅니다.

도비무시의 주요 자회사들이 흑자로 돌아선 것은 2013년 7월 말의 일입니다. 저희에게 이 소식을 알려온 것이 8월 12일이었기 때문에, 8월 31일에 열리는 수익자총회에서 이 소식을 보고해 주었으면 좋겠다고 부탁했습니다.

'흑자전환'을 발표했을 때, 큰 박수가 회장에 울려 퍼졌습니다. 이상한 일이죠. 일반적으로 펀드의 투자는 '흑자를 전제'로 하는 것임에도 불구하고 가마쿠라투신의 경우에는 '흑자전환'만으로도 박수를 받으니 말입니다.

이렇게 의미 있는 '수익자총회'이지만 일반 투자신탁에서는 사실 수익자총회를 열 수 없습니다. 통상적으로, 투자신탁은 은행이나 증권회사가 판매를 대행하므로 운용회사는 수익자에 대해 알 수 없는 구조입니다. 반면에 가마쿠라투신은 '유이2101'을 직접 판매합니다. **직접판매를 고수한다**고 할 수 있습니다.

지금까지 '유이2101'을 판매하고 싶다던 금융기관도 있었습니다만 저희는 직접판매를 고수해왔습니다. 왜냐하면 고객에게 제대로 이해받고 싶었기 때문입니다.

보통 투자신탁은 높은 수익을 강조하기 때문에 투기 목적의 투자자를 필연적으로 끌어들이게 됩니다.

투기성향의 고객은 '이득을 얻기 힘들다'고 생각하면 간단히 해약하고 맙니다. 투자신탁은 해약청구를 받으면 5영업일 이내에 투자금을 반환해야 하므로 빈번하게 해약이 발생하는 상품은 펀드 내의 현금이 항상 압박당합니다. 경우에 따라서는 이거다 싶은 기업에 투자하고 있어도 그 주식을 팔아서 현금을 얻어야만할 때도 있습니다.

그렇게 되면 아무리 깊은 뜻을 가진 투자신탁이라고 해도 '좋은 운용'이 불가능해집니다. 그러나 '얼굴이 보이는 만남'을 통해 수익자가 투자처를 알고 투자에 대해 이해하는 '유이

2101'은 간단히 해약 당하는 경우가 없습니다. 결과적으로 '좋은 운용'이 가능해집니다.

좋은 운용이란 여러 의미가 있습니다. 그러나 '유이2101'에게 있어 가장 큰 장점은 좋은 벤처기업에도 투자할 수 있다는 점입니다.

사회는 궁극적으로 돈을 버는 회사와 그렇지 않은 회사로 나뉩니다. 바꿔 말하면 돈 버는 기업과 돈을 못 버는 기업으로 구성된 것이죠.

저희 가마쿠라투신은 '좋은 회사'에 투자를 합니다. 임업의 부활, 장애인 고용, 니트족과 프리터족의 문제, 순환형 사회의 실현 등 사회적 과제를 해결하고자 하는 기업도 많이 있습니다만, 그러한 기업들은 아무래도 '수익을 내기 어려운' 영역에 포진해 있습니다. 그러나 '이익률이 낮으니까'라는 이유로 지원하지 않으면 사회는 무너지고 말 것입니다.

물론 비즈니스를 계속해 나가기 위해서는 돈을 벌 수 있는 구조, 제가 쓰는 말로는 '영리한 비즈니스 모델'이 필수적입니다. 그리고 이익을 낼 때까지, 강한 인내심을 가진 투자자가 지지해줘야만 합니다.

그러므로 **'왜 이 회사에 투자를 하는지'를 제대로 전달할 수**

있는 '**직접판매**'라는 형태가 필요합니다.

벤처캐피털처럼 벤처기업을 지원하는 자금은 다른 곳에도 있습니다. 하지만 대부분 캐피털 게인(주식 등의 자산가격이 상승함으로써 얻는 이익)을 목적으로 하기 때문에 돈이 벌릴 것 같은 벤처기업에 투자하고 상장 후에는 팔아버립니다.

반면, '유이2101'은 적자라도 지원이 가능합니다. 적자상태가 계속되어도 '왜 이 회사에 투자하는지'를 직접 수익자에게 설명할 수 있기 때문입니다. 결과적으로 좋은 수익자가 모이고 더욱 좋은 돈을 좋은 회사에 투자할 수 있습니다.

직접판매를 통해 일반적인 운용회사와는 다른 사상을 유지할 수 있는 것입니다.

비상식③
내역을 공개한다

기본적으로 운용회사의 펀드매니저는 속내를 밝히지 않습니다. 카드놀이를 할 때 내가 '조커 카드를 가지고 있다'고 말하지 않는 것처럼 자기가 어떤 회사나 업계에 투자하고 있는지 밝히지 않습니다.

예를 들어 '신흥국 펀드'는 신흥국에 투자하는 것임은 알 수 있지만 투자처 종목을 전부 공개하지는 않습니다. 다른 펀드가 모방할 수 있기 때문입니다. 모두가 따라하면 모두가 비슷한 성적을 내게 됩니다.

공개하면 방해공작에 직면할 수도 있습니다. A펀드에는 이기려 하거나 혹은 A펀드의 운용자를 싫어하는 펀드매니저가 있다고 합시다. 만약 그 사람이 A펀드의 투자처를 알고 있으면 그 주식을 마구잡이로 매도할 수도 있습니다. 그러면 주가는 점점 내려갈 테고 A펀드는 곤란해지고 맙니다.

이것을 업계에서는 '쇼트한다short'고 말합니다. 주식을 갖고 있지 않아도 '공매도'라는 방법을 쓰면 주가는 점점 내려갑니다.

그 물밑에서는 '상대를 이기고 싶다' '상대를 앞지르고 싶다'는 경쟁심리가 작용합니다. 그러므로 '저 운용회사는 B라는 회사에 투자하는 것 같다' 등과 같은 정보전도 계속해서 펼쳐집니다.

또한 투자처의 주식을 5% 이상 보유하면 당국에 '대량보유보고서'를 제출해야 합니다. 이 보고서는 일반에 공개됩니다만 그런 정보가 흘러나가면 '왜 저 펀드가 B사 주식을 추가 매입했을까?' 'B사의 실적이 상승하는 것인가?' 같은 억측들이 난무하게 됩니다.

금융업계에서는 이런 정보전 속에서 상대를 '앞질러야'만 합니다. 저 역시 한때 그런 세계에 몸담고 있었습니다.

그러나 가마쿠라투신은 '유이2101'의 '내역'을 전부 공표합니다.

홈페이지를 보시면 '유이2101'의 투자처를 모두 알 수 있습니다. 보통 불리해진다고 여겨지는 일을 나서서 하고 있습니다.

이것은 상대를 이기는 것이 아니라 좋은 회사를 응원하는 것이 목적이기 때문입니다. 모두 운용회사이지만 우선순위가 다른 것입니다.

그렇다면 왜 '유이2101'은 다른 펀드로부터 공격당하지 않는 것일까요? 표현이 조금 어려울지 모르겠습니다만 사실을 말씀드리자면 다른 펀드보다 '수익'이 낮기 때문입니다.

일반적으로 수익이 높은 상품은 위험도 높습니다. 대략 예를 들어 말하면, 40%의 수익에는 40%의 위험이 있는 셈입니다. 그런 상품을 구입하면 100만 엔이 140만 엔이 될 수도 있지만 60만 엔이 될 수도 있습니다.

그러나 가마쿠라투신의 '유이2101'은 일반적인 주식투신과 비교했을 때 위험도 수익도 낮습니다. 즉 저위험·저수익^{low} risk low return인 셈입니다.

일반적으로 펀드매니저는 자기보다 높은 수익을 내는 상품을 타깃으로 삼습니다. 그리고 '이기고 싶다'고 생각합니다.

'유이2101'처럼 아무리 투자효율이 좋고 일본에서 최고가 된 상품이라고 해도 수익이 낮은 상품은 안중에도 없습니다. 그러니 공격당할 일도 없습니다.

비상식④
수익은 돈뿐만이 아니다

수익이 낮은 것 치고는 이상한 현상이 있습니다. 3년 이상 '자금유입'이 지속되고 있다는 점입니다.

자금유출입이란 펀드에 대한 입금과 출금의 차액을 말합니다. 입금이 많으면 '자금유입', 출금이 많으면 '자금유출'이라고 말합니다. 아무리 인기 있는 투자신탁이라도 대형 고객의 해약만으로 간단히 '자금유출'로 돌아섭니다.

그러나 '유이2101'은 2011년 4월의 '자금유출' 이후 3년 이상 '자금유입'이 지속되고 있습니다(2015년 2월 말 현재). 그것도 자금유출 기간은 과거 3개월뿐입니다. 나중에 더 자세히 말씀드리겠습니다만, 이것은 시가가 떨어져도 해약이 발생하지 않기 때문입니다. 오히려 시가가 떨어졌을 때 신규 고객이 늘어날 정도이죠.

이 책을 집필하고 있는 2015년 2월 현재, '유이2101'은 일본에서 가장 긴 기간 동안 자금유입이 지속 중인 투자신탁입니다.

왜 수익이 비교적 낮은 '유이2101'에 돈이 모일까요? 두 가지 이유를 생각해볼 수 있습니다.

먼저, 요즘 일본인들은 유럽이나 미국보다 금융상품의 '안정성'을 추구하기 때문입니다. 위험이 전혀 없이 수익을 얻을 수 있다면 이상적이죠. 그런 좋은 예가 은행예금입니다. 즉, '수익이 높은' 것보다 '위험이 낮은' 쪽을 더 선호합니다.

또 '유이2101'은 투자효율이 좋다는 특징이 있습니다. 조금 심하게 단순화해서 말씀드리면 **'위험에 비해 수익이 높다'**는 것입니다.

이것은 위험 한 단위당 수익이 상대적으로 높다고 달리 말할 수 있습니다.

앞서 보여드린 그래프에서 원점과 펀드 사이를 잇는 선의 기울기가 크면 클수록 위험 한 단위당 수익이 높습니다. 보시는 대로 '유이2101'의 점과 원점을 잇는 선의 기울기는 다른 펀드들의 기울기보다 경사집니다.

프로의 세계에서 평가되는 것은 '투자효율'로서, 'R&I 펀드 대상' 역시 이런 관점에서 선정되고 있습니다. 수익은 낮지만 펀드의 운용기술이 높다고 평가받은 것입니다.

게다가 '유이2101'의 투자자(수익자)는 금전 이외의 '수익'도 얻고 있습니다.

사실 가마쿠라투신은 운용회사이면서도 수익은 금전만이 아니라고 생각합니다. 금전만을 수익이라고 생각하면 '행복'을 느낄 수 없기 때문입니다.

뒤에서도 말씀드리겠습니다만, 외국계 금융회사에서 근무하던 시절에는 저도 상당한 연봉을 받았습니다. 그러나 아무리 연봉이 오르고 호화로운 식사를 하고 외제차를 타더라도 '마음의 만족'은 멀기만 했습니다. 어느 날 갑자기 질병에도 걸렸는데, 원인은 일에서 오는 스트레스였으므로 당시 제가 행복했다고 말할 수는 없을 것 같습니다.

가마쿠라투신에서는 '수익(투자의 열매)'을 3가지로 정의합니다.

먼저 '자산의 형성'입니다. 가마쿠라투신에서는 수익의 기대치(운용 보수 공제 전)를 (단기금리를 합하여) 5%로 설정하고 있습니다. 낮은 위험이라 해도 고객에게 위험을 부담시키는 이상 금전적인 수익을 추구하는 것은 프로의 의무입니다.

이에 더해, 투자기업이 활약하는 '사회의 형성'입니다. 그리고 '마음의 형성'도 수익에 포함시키고 있습니다.

가마쿠라투신이 생각하는 '투자의 열매'

가마쿠라투신이 추구하는 수익은 이러한 곱셈의 공식에서 탄생하는 것입니다. 곱셈이기 때문에 어느 하나라도 빠지면 '유이2101'의 수익은 얻을 수 없다고 생각합니다.

'사회의 형성'이 수익에 포함된 이상 저희는 사회과제의 해결에 공헌하는 벤처기업에도 투자합니다. 적자기업이더라도 그 기업을 지원하는 것이 사회의 형성으로 이어집니다.

그리고 사회가 풍요로워지면 수익자의 마음도 풍요로워집니다.

그런 것이 가능하겠냐고 생각할 수도 있지만 앞에서 소개한 도비무시가 흑자전환 보고를 했을 때, 수익자총회에서 박수가 터져 나왔습니다. 아마도 도비무시를 마음 깊이 응원해 주셨기 때문이라고 생각합니다.

비상식⑤
펀드매니저보다 고객이 더 현명하다

'유이2101'의 돈은 벤처기업에도 투자되고 있습니다. 사회적 과제를 해결하려는 기업 중에는 벤처기업이 많고, 또 좋은 회사도 많기 때문입니다.

조금 어려운 이야기입니다만 비상장기업의 경우에는 그 기업의 발행사채에 투자합니다. 사채에는 상환기한이 있는데 이 기한이 1년일 경우 1년 후에 돈을 돌려줍니다만 저희는 10년이라는 긴 기한의 사채에 투자합니다. '말도 안 된다'고 생각할지도 모르겠습니다만, 응원하기 위해 돈을 투자하므로 저희에게는 당연한 일입니다.

이 방법은 다른 투자신탁에도 채용될 수 있지만, 다른 운용 회사들은 사용하지 않습니다. 물론 벤처기업에 대한 투자를 '위험'이라고 생각하는 사람이 많기 때문이기도 하지만 그렇 게 생각하지 않더라도 사용하지 않습니다.

10년 기한의 사채를 구입한다는 것은 금방 현금으로 바꿀 수 없는 것을 소유한다는 의미입니다. 그러나 운용회사들은 해약청구를 받으면 5영업일 이내로 현금을 되돌려줘야 한다 는 규칙이 있으므로 어떤 특정 시기에 해약이 늘어날 경우 금 방 펀드 내에서 현금을 준비할 수 있어야 합니다. 그러므로 보 통은 투자하고 싶어도 할 수가 없습니다.

저희가 벤처기업에 장기투자할 수 있는 것은 직접판매를 하 기 때문입니다. 판매회사를 거치지 않으므로 수익자에게 '유 이2101'의 의의를 설명할 수 있고 그렇기 때문에 지금까지 대 규모 해약은 거의 없었습니다.

여기까지의 이야기를 듣고 무언가를 깨달은 분도 있을 것입 니다.

사실 가마쿠라투신의 '유이2101'은 현명한 고객들이 있으 므로 존재하는 투자신탁인 것입니다.

좋은 고객의 은혜를 받으면 더욱더 좋은 일이 늘어납니다. 현재 '유이2101'은 고객예탁금의 30% 정도를 현금으로 보유하고 있습니다. 기업에 투자하고 있는 것은 70%뿐입니다.

반면, 일반적인 주식투자신탁은 예탁금의 거의 100%를 주식에 투자하고 있습니다. 그러므로 시세가 떨어지면 펀드의 성적도 점점 떨어집니다. 현금을 보유하지 않기 때문에 시세가 떨어졌을 때 추가 매입하지 못하고 흐름에 몸을 맡길 수밖에 없습니다. 그러나 '유이2101'의 수익자는 '응원'하기 위해 '유이2101'을 구입하는 것이어서 다소 시세가 떨어져도 간단히 해약하지 않습니다. 그래서 30%의 현금이 갑자기 줄어드는 일도 없습니다.

게다가 '유이2101'의 수익자 중에는 매월 일정액을 납입하는 '적립형'을 이용하는 분들이 많습니다. 시세가 떨어져도 '유이2101'에는 정기적으로 자금이 들어오기 때문에 비교적 쌀 때 추가로 매입할 수 있습니다.

그것을 시세가 올랐을 때 매도하면 '유이2101'의 성적은 더욱 향상되는 것입니다.

이런 방식은 수익의 기대치가 낮기 때문에 가능합니다. 수익의 기대치가 높은 펀드에서는 대형 고객이 큰돈을 넣고, 때때로 큰돈을 해약하기도 합니다. 수익이 좋은 펀드일수록 투기 성향의 투자자가 모이기 쉬워 결과적으로 펀드매니저의 목을 조르게 되는 것입니다.

그러나 '유이2101'은 수익이 낮은 '좀 못난' 투자신탁이기 때문에 투기성향의 투자자가 모여들기 어렵습니다. 시세가 떨어졌음에도 응원하려는 자세는 변하지 않습니다. 시세가 떨어져도 손을 떼는 게 아니라 오히려 돈을 계속 투입합니다. 그래서 '유이2101'은 계속해서 강해지는 것이죠.

이 세상에 계속해서 강세장이 이어지는 일은 없습니다. 상승 기조의 시세도 언젠가는 하락하기 마련입니다.

그러나 '유이2101'은 시세가 올라가든 떨어지든 성적을 내기 쉬운 구조를 갖추고 있습니다. 그리고 그 구조는 펀드매니저인 저보다는 현명한 고객들이 받쳐주고 있는 것입니다.

비상식⑥

예측하지 않는다

일반적으로 펀드매니저는 예측을 하고 그 바탕에서 운용합니다. 펀드매니저의 능력이란 높은 예측력이라고 해도 과언이 아닙니다.

그러나 저는 예측하지 않습니다. 예측은 맞지 않는다고 생각하기 때문입니다.

예측은 수익을 높이기 위해 행합니다. 예를 들면 도요타 자동차가 올해 영업이익 예상을 2조 엔으로 발표했다. 그러나 연료전지 자동차 'MIRAI'의 판매가 예상을 뛰어넘을 경우 2조 엔을 넘어설 수도 있다……, 이런 예측을 하며 투자합니다. 하지만 간단히 맞출 수는 없습니다(제2장에서 자세히 설명하겠습니다).

그래서 저는 예측을 그만두었습니다.

아마도 아무것도 예측하지 않고 매매하는 펀드매니저는 저 정도밖에 없지 않을까요.

그래도 수익을 내는 두 가지 방법을 발견했습니다.

한 가지는 **투자처 기업에 맡긴다**는 것입니다.

기업은 본래 이익을 내고자 합니다. 모든 기업이 많은 이익을 내려고 노력합니다. 이익이 나면 주가는 올라갑니다. 그러므로 수익도 발생하기 마련이라고 생각했습니다.

앞에서 수익의 기대치를 5%라고 했습니다만, 이것은 일본 기업의 1년간 성장률과 같은 수준의 수익을 고객에게 제공한다는 의미입니다. 기업이 1년간 활동한 결과 얻은 순이익과 배당을 합친 금액이 몇 % 늘어났는지 계산해서 나온 것이 5%입니다. 여기에서 신탁보수로 1%만 떼고 남은 4%를 수익자에게 환원합니다.

그리고 '유이2101'이 투자하는 기업의 성장률이 항상 5%를 넘을 정도로 이익을 내고 있다면 이 목표를 달성했다고 생각하는 방식입니다.

왠지 남에게 맡겨버린 식이지요. 하지만 투자처와 얼굴을 보면서 거래하는 사이이기 때문에 가능한 생각입니다.

또 한 가지 방법은 시세의 오름과 내림을 이용하는 방법입니다. 간단히 말하면 시세가 하락할 때 사고 상승할 때 파는 것입니다. 이것을 매일 부지런히 하면 조금씩이지만 이익이 발생합니다.

매매 손익 누계액

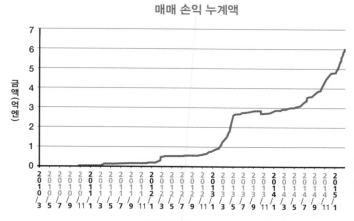

'쌀 때 사서 비쌀 때 파는' 소소한 운용을 매일 반복하여 얻은 총이익. 예측을 그만두어도 신뢰가 있으면 수익을 얻을 수 있습니다. (작성: 가마쿠라투신)

저는 아침 9시부터 10시까지 약 1시간 동안 컴퓨터 앞에 앉습니다. 그리고 '유이2101'이 보유하고 있는 회사의 주가를 점검합니다. 실제로 매매하는 것은 시세가 안정되는 9시 15분 정도부터 30분 동안입니다. 하루의 이익은 수십만 엔부터 많게는 수백만 엔 정도입니다. 그러나 초등학생의 용돈처럼 매일 조금씩 모아 이익을 내고 있습니다. 은근히 별 볼 일 없는 일입니다만 이것도 투자처를 신뢰하기 때문에 할 수 있는 방법입니다.

일반적으로 주가가 크게 하락하면 투매가 발생합니다. 주식을 사는 사람이 줄어들기 때문에 하락하기 시작하면 한동안은 멈추질 않습니다.

그러나 '유이2101'은 투자처를 응원하는 것이 목적입니다. '사고파는' 재조정rebalance은 합니다만, 그것은 이익을 얻기 위함입니다. 그리고 투자처에 도움이 되기 위함입니다.

일반적으로 투자자는 주가가 급락할 때에는 주식에 손을 대지 않습니다. 이대로 계속해서 하락하는 것은 아닌가 하고 불안하기 때문입니다.

그러나 가마쿠라투신은 담담히 매입합니다. 투자처를 신뢰하기 때문입니다.

예를 들어 지진재해가 발생했을 때 일본 주식 모든 종목의 가격이 하락했습니다. 가격이 싸진 셈이므로 일반적으로는 '매입'할 때입니다. 하지만 애매하게 매입할 경우 주가가 더욱 하락하여 회사가 도산해버릴지도 모릅니다. 그래도 '매입'하기로 생각할 수 있는 것은 그 투자처를 신뢰하기 때문입니다. '우리가 지지해주자'고 생각할 수 있는지 아닌지가 관건입니다.

일반적으로 갖고 싶은 상품이 반값으로 할인판매한다는 것을 알게 되면 누구나 반값이 될 때까지 기다릴 것입니다. 하지만 주가는 반값이 되면 '이 회사는 수상하다'고 생각해 버립니다. 회사도 직원도 바뀐 것은 없는데 주가가 반값이 되면 두려워지는 것입니다. 사람의 심리가 합리성을 넘어서게 됩니다.

믿음을 지지대로 삼으면, '좋은 회사이니 살 때가 아닌가'라고 생각하게 됩니다. 그리고 이런 논리에 대해 '예측'은 그다지 중요하지 않습니다.

게다가 요즘처럼 정보가 거의 실시간으로 넘나드는 시대에는 개인이나 저 같은 프로 운용자가 손에 넣을 수 있는 정보 사이에 차이가 거의 없습니다.

시장에 몸을 맡기고 주가가 내려가면 사고 오르면 파는 겁니다. 신뢰가 있으므로 가능한 이런 단순 작업을 저는 매일 반복하고 있습니다.

비상식⑦

실적보다 '이상'을 좇는다

투자신탁을 취급하는 회사들이 어떻게 실적을 낼까요? 수입
은 크게 두 가지입니다. 신탁보수와 판매수수료입니다.

일반적으로 판매회사의 판매수수료는 3% 정도입니다. 판
매회사의 수입을 확보하기 위함이라 생각합니다만 사실 수수
료가 높으면 높을수록 악순환에 빠지고 맙니다.

신탁보수는 운용관리수수료라고도 불리는 것으로 수익자
가 보유하고 있는 동안 계속 발생합니다. 판매수수료는 판매
했을 때만 발생하는 수수료입니다.

운용과 판매를 모두 담당하는 가마쿠라투신은 판매수수료
는 받지 않고 신탁보수만으로 운용합니다. '유이2101'은 순자
산액의 1%(소비세 별도)가 신탁보수로, 저희의 급여 등도 여기
에서 나옵니다.

예를 들어 1%에 해당하는 신탁보수가 1일 계산으로 50만
엔이었을 경우 펀드매니저는 매일 50만 엔을 확보하지 않으면
투자자에게 환원할 수 없습니다.

2%라면 100만 엔, 3%라면 150만 엔…… 높아지면 높아질
수록 저희의 급여도 높아집니다. 하지만 3%라면 그 3% 만큼

을 여분으로 더 벌어야 하므로 펀드매니저의 압박감도 동시에 높아지고 필연적으로 투자자에 대한 환원율도 낮아집니다.

펀드매니저로서는 신탁보수는 낮은 쪽이 좋습니다. 이와 관련하여 처음 펀드를 만들 때 저는 '0.8%'가 좋지 않을까 생각했습니다. 그렇지만 사업의 존속을 위해 '최저 1% 혹은 그 이상이 필요하다'는 것도 알게 되었습니다. 그 사이에서 1%로 정착하게 되었습니다.

그러나 신탁보수를 낮게 설정함으로 얻는 좋은 점도 있었습니다. 이상을 좇는 것이 가능하다는 것입니다.

예를 들어 신탁보수를 3% 받는 투자신탁이 있다고 합시다. 그럼 높은 수익을 기대하니 필연적으로 '고위험·고수익high risk high return'의 상품이 될 것입니다. 그럼 투기성향의 투자자가 모이기 때문에 '회사를 응원'하는 것보다 '이기는' 것이 우선시 됩니다.

'유이2101'은 '소위 이상(理想)일 뿐'이라는 말을 듣기도 합니다. 그렇지만 실제로 이상을 좇는 것이 가능합니다. 급여는 그다지 높일 수 없지만, 그만큼 경쟁상대도 생기지 않습니다. 결과적으로, 실적을 좇기 보다는 좋은 회사를 응원한다는 이상을 좇을 수 있습니다.

비상식⑧

세 가지 '말도 안 되는 숫자'로 신념을 지킨다

현재 '유이2101'의 자산액은 130억 엔입니다. 이대로 성장할 경우 수년 후에는 300억 엔 정도로 성장할 것입니다. 그때, 좋은 회사가 늘지 않는다면 신규고객의 구입신청을 받지 않는 '소프트 클로즈soft close'를 실시할 수밖에 없을지도 모릅니다.

운용의 세계에는 '펀드는 너무 커지면 안 된다'는 상식이 있습니다. 이것은 '유이2101'에도 해당하는 얘기입니다.

다만 '유이2101'의 경우, 세 가지 '비상식적인 숫자'에 그 원인이 있습니다.

먼저, 전체 위험의 양을 10% 이내로 제한하고 있습니다.

앞서 말씀드린 대로 '유이2101'이 예탁금의 30%를 현금으로 보유하는 것은 이 위험량을 관리하기 위함입니다.

투자신탁 중에는 예탁금 자산의 100%를 주식에 투자하는 것도 있습니다만 '유이2101'은 현시점에서 70%만을 투자합니다. 조금 어려운 표현입니다만 이렇게 운용함에 따라 위험량을 관리하는 것이 가능해집니다. 시장 전체의 위험이 늘어나면 주식의 비중을 줄이고(현금의 비중을 늘리고) 위험이 줄어들면 주식의 비중을 늘립니다(현금의 비중을 줄입니다). 현금을 수중에 갖고 있기 때문에 가능한 섬세한 재조정을 통해 전체 위험의 양을 10% 이내로 제한하려 노력합니다.

다음으로 투자금액의 경우, 한 회사당 비중을 1.7%로 정하고 있습니다(현시점의 관리비중입니다). 투자처의 종목을 공개하는 것과 더불어 모든 종목에 같은 수준의 금액을 투자하고 있는 것은 '유이2101' 정도밖에 없을지도 모릅니다.

이는 투자처 중 일반적으로 도산 위험이 높다고 여겨지는

투자비중

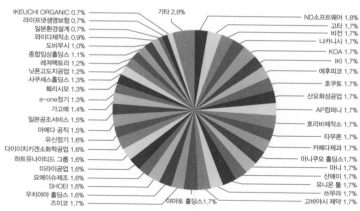

2015년 2월 말 시점 '유이2101'의 투자비중. 전 종목에 같은 금액을 투자하는 것은 벤처에 투자하더라도 위험을 억제하기 위한 연구의 일환입니다. (작성: 가마쿠라투신)

벤처기업이 많기 때문이며, 만약 투자처가 도산하더라도 전체 수익에 큰 영향을 미칠 수 없도록 설계한 것입니다. 참고로 현재 투자처 중 한 곳이 도산해도 약 1만 6천 엔(2015년 2월 말 시점)의 기준가격°은 200엔 정도밖에 내려가지 않습니다. 이것이 진정한 '분산투자'입니다.

게다가 **투자처의 발행주식 중에 '유이2101'의 보유비율은 기본적으로 5% 미만**으로 제한하고 있습니다. 5% 이상일 경우 '대량보유보고서'라는 것을 제출해야 하는데, 그렇게 되면 투자처 기업에도 수고로움과 부담이 생기게 됩니다. 그리고 투자처 기업을 지배하는 것은 하고 싶지 않다는 생각이기도 합니다.

이런 세 가지 숫자로부터 말씀드릴 수 있는 것은 한 회사에 투자할 수 있는 금액에는 한계가 있다는 것입니다. 그리고 앞으로 기업의 성장보다 자산총액의 성장이 더 커질 가능성이 있고 그렇게 될 경우 투자효율은 떨어지게 됩니다.

물론 300억 엔이 넘더라도 운용은 가능합니다. 예를 들어 일본에는 '1조 엔 펀드'라는 것도 있습니다. 그러나 잔고가 높

° 펀드매매 시 기준이 되는 가격. 운용실적에 따라 가격은 달라지게 된다.

아지면 도요타나 닛산 자동차 같은 대형주에 돈을 넣어야만 합니다. 물론 대형주에 대한 투자가 나쁘다는 것은 아닙니다 만 다른 펀드들도 이런 주식에 투자하고 있으므로 실적도 비 슷해집니다. 결과적으로 저희의 존재의의가 없어지게 됩니다.

'유이2101'의 수익자는 현재 약 60%가 '적립형'을 이용하고 있습니다. 매월 일정 금액을 '유이2101'에 투자합니다. 그러니 신규고객을 받지 않아도 자연스럽게 400억 엔, 500억 엔으로 성장할 가능성이 있습니다. 이 점을 고려하면 300억 엔 정도 에 소프트 클로즈를 하고 업계의 상식대로 '펀드를 너무 크게 하지 않는' 편이 더 낫습니다.

가마쿠라투신의 운용기법은 업계에서는 매우 비상식적입 니다. 그러나 기이함을 자랑하려는 것이 아닙니다. 저희만의 생존 방법을 궁리한 결과 이런 방법밖에는 없었던 것입니다.

운용개시 때부터 **'위험 10%, 수익 5%'**를 목표로 하여 지금 도 실현하고 있습니다. 5% 수익에서 1%의 신탁보수를 뺀 4% 가 수익자에게 환원되는 구조입니다.

운용하는 투자신탁은 '유이2101' 뿐입니다. 이 상품이 실패 하면 저희 가마쿠라투신도 무너지고 마는 것이니 직원 전원이 이 상품에 온 힘을 다하고 있습니다.

'좋은 회사'에 투자하여 이익도 낸다. 저희 가마쿠라투신의 '비상식'에 대해서 그럭저럭 이해가 되셨는지요? 다음 장부터 저와 가마쿠라투신이 어떻게 이런 투자 철학에 이르게 되었는지, 어째서 그리고 어떻게 이런 있을 수 없는 투자가 성공할 수 있었는지 하나하나 자세히 말씀드리겠습니다.

'투자는 과학'에서

제2장

'투자는 진심'으로

– '수익'을 재정의하다

투자의 수익이
'부처의 마음'?

어떤 수익자, A씨의 이야기입니다.

A씨는 50대 남성으로 퇴직 후의 자산형성을 목적으로 '유이 2101'에 투자하기 시작했습니다. 처음에는 돈을 불리는 것만이 목적이었지만, 수익자총회에 출석하며 의식이 변하기 시작했다고 합니다.

영향을 준 것은 투자처 기업 경영자의 '진심'이었습니다. 그들에게는 명확한 비전이 있습니다. 도비무시처럼 국가의 임업에 힘을 쏟는 기업이 있는가 하면, 조금 후에 소개해드릴 이케우치오가닉IKEUCHI ORGANIC이란 수건 제조업체는 환경에 미치는 부담을 줄이기 위해 제조공정에 필요한 전력을 전부 풍력 발전으로 충당합니다.

A씨는 경영자의 '진심'을 느끼는 사이 자기 자신을 돌아보게 되었습니다. 자신은 진심을 갖고 임해본 일이 있었던가? 자신 있는 태도로 살아왔던가? 생각한 끝에 A씨는 먼저 가족에게 상냥하게 대하기로 마음먹었습니다. A씨는 "'유이2101'에 돈을 맡기니 부처의 마음을 얻었다"고 이야기합니다. 대체 무슨 말일까요?

수익은
'돈'이어야만 하는가

투자에 항상 붙어 다니는 것은 '위험'과 '수익'에 대한 사고방식입니다. 금융상품은 '저위험·저수익' '고위험·고수익' 등 위험과 수익의 정도에 따라 분류됩니다.

대체로 일본인은 저위험의 금융상품을 선호합니다. 가장 좋은 예가 예금입니다. 대표적인 저위험·저수익 상품인 은행 예금은 금리가 극단적으로 낮아 수익이 적지만 일반적으로 위험도 거의 없다고 볼 수 있습니다(진정한 위험이 무엇인지는 다음 장에서 말씀드리겠습니다).

투자에서 말하는 '수익'이 금전 이외의 것을 가리키는 경우는 없습니다. 그런데 말입니다. 애초에 돈 이외의 것이 수익이 될 수는 없을까요?

물론 가마쿠라투신도 운용회사이므로 예탁금을 불려서 돌려드려야 할 책임이 있으며 이를 해낼 수 없다면 저는 프로로서 실격입니다.

그러나 돈을 맡긴 후에 얻을 수 있는 것은 돈뿐만이 아니라고 생각합니다. 만약 돈밖에 돌려드릴 것이 없다면 다른 회사

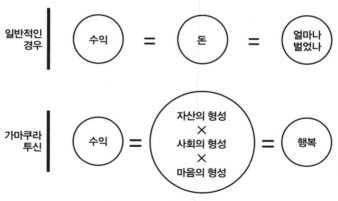

비상식적인 '수익'의 정의

결과적으로 투자자는 '풍요로워' 집니다.

와 마찬가지로 '얼마를 벌었는지'로만 평가받게 될 것입니다.

가마쿠라투신은 수익의 정의를 바꿨습니다.

운용회사의 사명이기도 한 **'자산의 형성'**과 더불어 **'사회의 형성'**, 그리고 수익자의 **'마음의 형성'**. 이 세 가지를 수익으로 삼은 것입니다. 투자처가 회사와 사회를 풍요롭게 한다면 결과적으로 수익자의 마음도 풍요로워진다. 그리고 **세 가지의 수익이 결합하여 '행복'이 만들어진다.** 이렇게 생각합니다.

수익이 돈밖에 없다면 '행복'해지지 않을 것입니다. 오히려 '더욱 늘리고 싶다'는 욕망이 생겨나 행복과는 멀어집니다. 바클레이즈 글로벌 인베스터즈(현재 블랙록 재팬, 이하 BGI로 표기)에 근무하던 시절의 제가 그랬습니다. 돈은 인생의 목표가 될 수 없습니다.

앞서 말씀드린 수익자 A씨는 저희가 '유이2101'에서 추구하는 '수익'의 모습을 구현해 주었습니다. A씨는 돈을 투자함으로 자신의 자산뿐만 아니라 '사회의 형성'에도 기여하고 결과적으로 '부처의 마음', 진심을 손에 넣었습니다.

이것을 깨달을 수 있었던 것은 저 자신이 '상식적인 운용자'였기 때문입니다. 외국계 금융회사인 BGI에서 최첨단의 금융공학을 구사하며 연금자산 등 수조 엔을 운용했습니다.

당시의 저는 '투자는 과학'이라는 말을 의심해본 적이 없었습니다. 마음이 아니라 수식이나 모델로부터 도출한 방법으로 운용하는 것이 최선이라고 생각했습니다. 그러나 그렇게 지내온 8년이란 세월은 리먼 쇼크에 의해 맥없이 무너져버리고 말았습니다.

제2장에서는 제가 왜 '비상식적인 투자신탁'을 운용하게 되었는지 그 배경을 말씀드리면서 어째서 과학이 아니라 '투자는 진심'으로 성공할 수 있는지 밝히고자 합니다.

인생은 올라간 계단 수로 결정된다?
-풍요로움을 찾아서

저는 가나가와 현의 요코하마에서 태어나 요코하마에서 자랐습니다. 그리고 초등학교 시절부터 개인 가정교사도 있었습니다. 어머니가 열성 학부모여서도, 특별히 부유한 가정에서 자랐기 때문도 아니었습니다. 아버지가 '배움'의 중요성을 알고 계셨기 때문입니다.

아버지는 다다미 장인이셨지만 학력이 없습니다. 어렸을

적 견습생 생활을 하느라 학교에 다니지 않았다고 합니다.

그러나 저에게는 배움의 기회와 더불어 애정을 듬뿍 쏟아준 분이었습니다. 요코하마 국립대학 교육학부 부속 중학교에 입학하는 것, 이것이 초등학교 시절 목표였습니다.

생활이 완전히 바뀌어 버린 것은 초등학교 5학년 때였습니다. 아버지가 오토바이를 타고 가시다 트럭에 치이고 만 것입니다. 뺑소니 사고였습니다. 다행히 생명에는 지장이 없었습니다만 사고의 후유증으로 다다미를 만드는 일은 할 수 없게 되었습니다. 사실 어머니도 선천적인 소아마비로 어릴 적부터 휠체어를 타셨고 움직일 수 없는 분입니다.

아버지가 사고를 당한 후 '내가 일을 해야 한다'고 생각했던 것을 기억합니다. 부속 중학교에 진학하려던 목표는 포기하고 중학생 시절에는 아버지를 대신하여 다다미를 운반하는 등 일을 도왔고 고등학생 때부터 가정교사 아르바이트도 시작했습니다. 대학은 도쿄이과대학의 야간부에 진학했습니다.

최초의 전환점은 대학 시절 아르바이트를 했던 감사법인입니다. 일을 통해 많은 기업 경영자를 만났고, 대학생임에도 불구하고 기업 컨설팅 일에도 참여할 수 있었습니다.

당시의 경험은 많은 경영자와 만나는 지금까지도 도움이 되고 있습니다.

당시 저는 '인생은 올라간 계단 수에 따라 결정된다'고 생각
했습니다.

부유한 집 출신으로 게이오 대학이나 와세다 대학에 진학한
동급생도 있었습니다. 고급 주택가에서 태어나 줄곧 엘리트
코스를 밟아 온 친구도 있습니다.

반면 저는 대학 시절에 닥치는 대로 일을 했습니다.

일을 마치고 학교에 가기 때문에 수업 중 조는 일도 많았습
니다. 수업이 끝난 후까지 계속 잠을 자서, 제가 일어날 때까
지 교수가 걱정스럽게 지켜본 적도 있었습니다.

잠에서 깬 순간, "내 수업이 그리도 지겹나?"라고 물어보셨
지만 실은 그저 지쳐 있었을 뿐이었습니다. 그때 그 분께는 지
금도 죄송스럽습니다.

어찌 보면 저의 환경은 불우하다고 여겨질 수도 있습니다.
그렇지만 '다른 사람을 부러워해도 소용이 없다. 오히려 나는
아버지와 어머니가 계시지 않은가?' 라고 생각했습니다. 아버
지는 필사적으로 다다미를 만들었습니다. 사고 후에 아버지는
일할 수 없게 되었지만 사람들에게 매우 호감 받는 분이었습
니다. 어머니는 있는 힘껏 저를 사랑해주었습니다. 저는 행복

한 가정에서 자란 것입니다.

그러므로 '눈앞의 계단을 계속 올라갈 뿐이다. 올라간 만큼 나의 인생은 풍요로워진다'고 생각했습니다. 하지만 그 '풍요로움'이 무엇인지는 알지 못했습니다.

수조 엔의 운용이
몸을 좀먹다

대학 졸업 후에 취직하기로 결정한 곳은 스미토모住友 신탁은행(현 미쓰이 스미토모三井住友 신탁은행)입니다.

동료는 도쿄대학이나 교토대학 같은 명문대 출신이 대부분이었습니다. '그들에게 지고 싶지 않다'며, 모두 취득하는 데 보통 5년 정도 걸리는 여러 자격증을 1년 반 만에 취득했습니다. 인사 담당자가 희망을 물었을 때 저는 갑자기 '더 공부하고 싶다'고 대답했습니다. 아마도 아버지로부터 영향을 받았을 것입니다. 그 와중에 저는 투자기법을 조사하고 연구하는 '투자조사부'로 배속받았습니다.

투자나 운용의 세계를 알아가는 동안, 해외의 운용회사가 더 대단하다는 것을 알게 되었습니다. 해외의 운용회사에는 노하우와 철학이 있었습니다.

2000년, 같은 부서에 있던 선배가 이직한 운용회사 '바클레이즈 글로벌 인베스터즈(BGI)'로 옮겼으며, 가마쿠라투신의 창립멤버 3명 역시 이 회사에서 만났습니다.

BGI는 전 세계에서 200조 엔(2007년 당시)의 자산을 운용하는 회사였습니다. 당시, 일본에서 운용 총액 1위였습니다. '취업하고 싶은 운용회사' 조사에서도 수년간 연속 1위를 차지하기도 했습니다.

그리고 무엇보다도 BGI에는 **'투자는 과학'이라는 철학**이 있었습니다. 이 철학은 투자에 대한 모든 것을 모델을 통해 판단한다는 의미이며, 운용자는 그 모델을 개발하고 개량하는 역할에 철저해야 한다는 뜻입니다. 개인의 능력에 의존하지 않고, 장기적인 연속성을 담보하기 위해 인간의 정신적인 유약함을 조직에서 배제하려는 발상입니다. 저는 정서적으로 불안정한 인간의 의사결정을 배제한 이 모델의 합리적 판단이 많은 사람을 금융의 속박으로부터 해방시켜 '풍요로움'을 가져다줄 것이라고 믿었습니다.

제가 배속된 팀의 운용액은 약 10조 엔. '돈을 맡겨준 고객의 자산을 늘려 풍요롭게 해드리고 싶다.' 이 일념으로 최신 금융공학을 공부하고 새로운 투자기법을 개발하는 등 필사적으로 일했습니다. 그 결과 저 자신도 많은 보수를 받게 되었고 풍요로운 생활을 손에 넣을 수 있었습니다.

하지만 2007년 여름, 저의 몸에 이상이 생겼습니다.

당시 저는 휴가를 보내려고 호주로 향했습니다. 예약한 호텔은 1박에 수십만 엔 하는, 대표적 관광 명소인 울룰루가 보이는 멋진 곳이었습니다.

하지만 5박의 일정 대부분을 잠만 잤습니다. 호주로 향하는 기내에서부터 지쳐 쓰러졌기 때문입니다.

다녀와서는 발바닥에 습진이 생겼습니다. 무좀으로 생각하고 시중에서 판매하는 약을 바르자 습진이 더 부어올랐습니다. 병원에서 검사를 받아도 무좀균은 발견되지 않았습니다. 여의사에게 용기를 내어 '무좀'이라고 고백했는데도 '균이 없다니'. 그 이후 다섯 곳의 대학병원을 더 돌아보았지만 병명을 알 수 없었습니다.

결국 병명을 알게 된 것은 다른 일로 근처 피부과에 갔을 때였습니다. 등잔 밑이 어둡다더니 딱 이런 꼴입니다. 장척농포증이라는 난치병이었습니다.

약도 듣질 않고 발톱 안쪽에 습진이 생기면 가려워도 긁을 수가 없어 괴로웠습니다. 심한 날에는 발바닥에서 피가 나 양

말을 신을 수 없을 때도 있었습니다. 인터넷 글에는 '7년 정도 낫지 않을 수도 있다'고 쓰여 있었습니다.

의사에게 "어떻게 하면 낫습니까?"라고 묻자 "회사를 그만두면 됩니다"라는 농담 섞인 대답이 돌아왔습니다. 의사는 일에서 오는 스트레스가 원인이라고 생각한 모양입니다.

당시 저는 일에서 보람을 느끼고 있었습니다. 하지만 상당한 부담을 안고 있었던 것도 사실입니다. 왜냐하면 작은 실수로도 고객의 자산이 200억 엔, 300억 엔 단위로 날아갈 수 있기 때문입니다.

옳은 일을 하고 있다고 믿었지만 몸은 무리하고 있었던 것입니다. 아내는 "병을 얻어가면서까지 일하지는 않았으면 해요"라고 저에게 부탁했습니다.

회사를 그만두리라 결정한 저는 1년이란 시간을 정하고 정성껏 인수인계 작업에 들어갔습니다. 이듬해인 2008년에 리먼 쇼크가 세계를 덮치리라고는 그 당시 생각도 못했습니다.

투자는 과학

VS

투자는 진심

여기서 잠시 투자철학에 대한 이야기를 하고자 합니다. 같은 운용업계이지만 저의 이전 직장인 BGI와 가마쿠라투신은 철학에서부터 큰 차이가 있기 때문입니다.

BGI의 철학은 그리고 한때 저의 철학은 '투자는 과학'이라는 것입니다.

알기 쉽게 말하면 '판다' '산다' 등의 판단을 개인에 맡기지 않고 과학에 맡긴다는 것입니다. 아무리 우수한 펀드매니저라고 해도 언젠가는 죽기 때문에, 고객의 자산을 오랜 기간에 걸쳐 맡으려면 과학에 기반을 둔 운용이 중요하다는 생각입니다. 박사학위를 받은 사람이 만든 회사라는 점도 이런 철학에 영향을 미쳤을지 모르겠습니다.

통계학이나 금융공학을 전문으로 하는 사람들이 '최적의 수식'을 고민했습니다. 외국인 비율이 이렇게 높아지면 주가는 이 정도 올라간다, 지분 비율이 어느 정도까지 내려가면 주가가 이 정도 올라간다, 이런 수식 말입니다. 매일 변하는 세계 정세를 보면서 수식에서 개량할 부분이 발견되면 논문을 쓰고 수식을 변경해갑니다.

사람은 합리적으로 행동한다는 전제도 마음에 들었습니다. 게다가 수식에 따라 운용하면 안정된 결과가 나왔습니다.

반면, 가마쿠라투신의 투자철학은 완전히 다릅니다. 창업할 때의 이야기로 돌아가 보겠습니다. 가마쿠라투신은 4명이 시작했습니다. 사장인 가마타 야스유키鎌田恭幸를 포함하여 오퍼레이션에 쓰카모토 야스시塚本泰史, 내부관리에 히라구치 다케노리平口武則, 그리고 운용담당인 저입니다.

일주일에 한 번씩 계속해서 의논하며 점차 콘셉트를 구체화했습니다.

그 콘셉트가 바로 '투자는 진심'입니다. 사견을 절대 고려하지 않는 '투자는 과학'이라는 철학과는 정반대되는 생각입니다.

주위의 반응은 여러 가지였습니다.

이전 동료는 "아라이가 마침내 머리까지 이상해졌다"고 말하기도 했죠. 심지어 투자자로부터는 "무슨 잠꼬대 같은 소릴 하느냐"란 말도 들었습니다. 당시 기업의 사명에 대한 정의는 이익을 극대화하여 주주에게 환원하는 것이었습니다. 저희가 추구하는 '사람에게 친절한 회사, 사회에 공헌하는 회사'와는 정반대였습니다.

어떤 투자자는 "남의 돈으로 사회실험을 할 생각인가"라고 까지 말했습니다.

어찌 보면 사회실험일지도 모르겠습니다. 국가의 사회적 과제를 해결하지 않으면 이익도 생겨나지 않는다. 이런 가설을 근거로 투자하는 것이기 때문이죠.

20년이란 시간 동안 불황이 계속되었습니다. 그렇다면 '지금까지의 연장 선상에는 목표가 없다. 방향전환을 해야만 하는 데도 아무도 시도하지 않는다. 그러니 가마쿠라투신이 도전한다'는 생각이었습니다.

확신을 가졌던 것은 투자신탁을 직접판매할 때였습니다.

투자신탁은 만기가 없으므로 100년이라도 보유할 수 있습니다. 통상 투자신탁은 은행이나 증권사 등 판매회사를 통해 판매 됩니다. 하지만 직접판매라면 수익자와 대화할 수 있고, 이런 투자신탁이라면 '이어짐이 있는 금융'을 실현할 수 있겠다는 것을 깨달았습니다.

수익은 '예측'의 한계를
인정하는 것에서 생겨난다

'투자는 진심'이라는 철학으로 잘 될까, 의문을 갖는 분들도 있으리라 생각합니다. 그런 방식으로 수익을 얻을 수 있겠느냐는 의문도 있겠지요. 물론 저도 '자산의 형성'을 소홀히 하지 않습니다.

'유이2101'은 고객에게 4%의 수익을 돌려주는 것을 목표로 합니다. '저수익'이긴 합니다만 '유이2101'은 투자효율이 좋다는 것이 특징입니다. 'R&I 펀드 대상'은 그 점을 평가해 주었습니다.

어떻게 그런 수익이 생기는 것일까? 제1장에서도 말씀드렸지만 '매우 평범하고 귀찮은 일'을 하고 있기 때문입니다.

한마디로 말하면, 전체 운용 금액에서 차지하는 개별 기업의 투자액 비중을 현재 목표인 1.7%에 맞추는 것입니다. 이를 위해 투자처의 주가가 내려가 1.7% 미만이 되면 더 사서 맞추고, 주가가 올라가 1.7% 이상이 되면 파는 것입니다. 이것을 매일 꾸준히 실행할 뿐입니다.

작업시간은 아침 9시부터 10시까지 약 1시간 동안이며, 컴퓨터 앞에 앉아 보유하고 있는 회사의 주가를 확인하고 매매를 시작합니다.

하루의 이익은 수십만 엔에서 많게는 수백만 엔 정도입니다. 그래도 초등학생 용돈처럼 매일 꾸준히 쌓으며 이익을 내고 있습니다.

대체 왜 이런 귀찮은 일을 하는 것일까요?

BGI 근무 시절, 저희 팀은 계속 성장했습니다. 그것도 나는 새를 떨어뜨릴 기세로 말입니다.

하지만 우리의 방식을 모방하는 사람들도 계속 늘어났습니다. 일정 계산식에 기반을 둔 매매였기 때문에 모방이 불가능한 것은 아니었습니다. 결국 우리만 승리한다는 것은 불가능한 일이 되고 말았습니다. 리먼 쇼크로 많은 회사가 재산을 잃게 된 것도, 모두가 똑같은 방법으로 거래해왔기 때문에 함께 무너지고 만 것입니다.

아무리 우수한 사람도, 그 어떤 운용회사도 완벽히 예측할 수는 없습니다. 그러다 보니 저는 오히려 할 수 없는 것을 '할 수 없다'고 말할 수 있는 것이 프로가 아닐까 생각하게 되었습니다.

기술력만으로는 BGI에 이길 수 없습니다. 저 혼자만으로는 그 압도적인 스태프와 기술을 도저히 따라갈 수 없기 때문입니다. 그렇다면, 좋은 회사를 응원하면서도 기술로 승부하는 하이브리드적인 방법을 사용한다면 작은 금융·벤처로도 살아남을 수 있지 않을까 하는 생각이 들었고 그것이 이 운용방법을 낳았습니다.

제1장에서 저는 '예측하지 않는다'고 말했습니다. 보통 펀드매니저는 '이 회사의 업적이 좋아지지 않을까' '이 회사는 어쩐지 수상쩍어' 이렇게 예측하며 투자처를 가려냅니다. 그러나 예측은 프로라 해도 빗나갑니다.

실제로 펀드매니저들은 자신이 운용하는 펀드에 잘 투자하지 않습니다. 정말로 자신의 예측에 자신이 있다면 전 재산을 투자할 일입니다. 하지만 투자하지 않는다는 것은 예측했다 하더라도 그것을 진심으로 믿지는 않은 것입니다.

원래 이야기로 돌아가 봅시다. 수익을 최대화하기 위한 첫걸음으로써 저는 아주 간단한 일을 했습니다. **'나에게 능력이 없다'는 것을 인정하는 일입니다.**

"예측해서 맞추는 일은 할 수 없다. 그리고 그 누구도 모방하지 못하는 '이기는 수법'은 확립할 수 없다." 그래서 초등학생 용돈벌이처럼 매일 아침 한 시간, 아주 평범한 일을 꾸준히 계속하기로 했습니다.

매일 하는 일은 엄격한 규칙에 따라 행해집니다.

한 기업에 투자하는 금액은 현시점에서는 '유이2101' 순자산총액의 1.7%. 무엇이 되었든 규칙에 따라 1.7%를 넘어서는 것은 팔고, 밑도는 것은 삽니다. 매일 꾸준히 사고팔기를 반복할 뿐입니다.

능력이 없으니 매일의 노력이 중요합니다. 그리고 그저 규칙을 지키는 것도 중요합니다. 거기에는 감정도 자신감도 관여하지 않습니다. 야구의 이치로 선수와 마찬가지로 필요한 것은 매일매일의 노력입니다.

물론 프로이기 때문에, '못하겠다'고 그만둘 수는 없습니다. 능력은 없지만 '무엇을 할 수 있을까' 고민한 것이 지금의 방법입니다.

일도 평범하고 수익도 평범하지만 그 와중에 누구도 따라하는 것이 불가능한, '유이2101'은 그런 투자신탁입니다.

"아빠는
나쁜 일을 하는 거야?"

리먼 쇼크의 결과 금융업계의 신용은 땅에 떨어졌습니다. 높은 프로의식과 자부심을 갖고 일하던 사람도 갑자기 의심의 눈초리를 받게 되었습니다.

함께 일하던 동료도 그런 사람 중의 한 명이었습니다. 그 동료는 성실하고 눈앞에 놓인 일에 최선을 다하는 사람이었습니다. 물론 자신의 일이 '옳다'고 생각했습니다. 그러던 어느 날, 아이에게서 **"아빠는 나쁜 일을 하는 거야?"**라는 질문을 받았다고 합니다. 동료는 큰 충격을 받았고 결과적으로 BGI를 떠나기로 결심했습니다. 그는 '금융을 바꿀 수 있는 건 너희들뿐이니 잘 부탁한다'는 말을 남겼습니다. 그 말은 지금 저에게 가장 큰 동기부여가 되고 있습니다.

운용업계에서 빼놓을 수 없는 '수익'이라는 개념. 애초에 수익은 어떻게 생겨나는 것일까요?

가마쿠라투신은 수익을 3가지로 정의했습니다. 그중 하나인 '자산의 형성'은 앞서 말한 평범한 일을 함으로써 얻어집니다.

그러나 그 외의 2가지인 '사회의 형성' '마음의 형성'은 제가 투자철학을 바꿈으로 인해 탄생할 수 있었다고 생각합니다.

경제학과 경영학은
반대 지점에 있다

BGI 시절 저는 '투자는 과학'이라고 생각했습니다. 과학인 이상 모든 것은 '숫자'로 결정되었습니다. 그것은 매우 합리적인 방법이었습니다.

저는 당시 주로 연금의 운용을 담당했습니다. 장기투자의 관점에서 운용했고 '고객의 자산을 지킨다'는 마음가짐을 잊은 적은 없었습니다.

하지만 매일 '팔거나' '사거나'하는 일을 했으므로 일반인의 눈에는 '머니 게임'을 하는 사람으로 보였을 것입니다. '팔거나' '사거나'하는 작업은 장기적인 운용에서도 꼭 필요한 일이지만 일반인들은 이해하기 어렵습니다. 널리 이해될 수 있는 작업방식이 필요했습니다.

그 실마리는 사카모토 고지 선생의 저서 『일본에서 제일 소중히 하고 싶은 회사』를 알게 되었을 때 얻을 수 있었습니다.

이 책에는 나가노 현의 한천* 제조사인 이나식품공업이란

---

* 寒天. 우무 등의 해초류로 만든 젤리.

회사가 나옵니다. 이곳에선 경영자와 직원들이 아침부터 마당을 청소합니다만, 그 청소가 경영 면에서 어떤 효과가 있는지는 논리적으로 설명할 수 없습니다. 매출에 직결되지 않는 일에 시간을 할애하므로 경제적으로는 합리적인 회사라고 말하기 어렵겠지요. 그렇지만 진지한 자세가 전염된 것인지 지역에서 사랑을 받으며 '이 회사에 입사하면 안심이다'라는 말을 듣는 회사로 성장하고 있습니다.

책을 계기로 사카모토 선생의 가르침을 받으면서 **경제학과 경영학은 반대 지점에 있다**고 생각하기 시작했습니다. 극단적인 예입니다만, 청소하는 동안 사람이 모이고 사랑받는 회사가 된다. 그리고 그것이 고용과 이익을 창출한다. 이 흐름을 논리적으로 설명하기는 어렵습니다만, 아무리 생각해봐도 '비합리적'인 회사 활동이 금전적 이익을 포함한 선순환을 이끌어낸 것입니다.

이런 사실에 마주하며 '투자는 과학'이라고 말하기 어려워졌습니다. 왜냐하면 경제학에서는 쓸모없다고 여긴 것이 결과적으로 좋은 경영을 탄생시켰기 때문입니다.

세상에는 수치화할 수 없는 것도 있습니다. 그리고 수치화할 수 없는 일에 사람은 공감하고 경영은 성립됩니다. 논리로는 설명될 수 없는 이 구조를 금융에 적용해볼 수는 없을까 고

심한 끝에 생겨난 것이 '투자는 진심'이라는 콘셉트입니다.

수익은 과학이 아니라 진심으로부터 생겨납니다. '유이 2101'의 수익은 그 원천을 180도 바꾸었기 때문에 얻을 수 있었습니다.

신뢰가 있으므로 가능한
'역추세' 매매

만약 사고 싶은 옷이 내일 반값으로 할인판매한다는 것을 알게 된다면 언제 그 옷을 사겠습니까? 아마도 웬만한 이유가 있지 않은 한 내일까지 기다리겠죠. 훨씬 싸니까요.

하지만 투자의 경우, 꼭 그렇지만은 않습니다. 같은 회사의 주식이어도 반값으로 싸지면 '이 회사는 위험한 것 아닌가'라고 생각하고 맙니다. 그리고 비싼 값에 산 주식이라고 해도 싸지면 팔려고 합니다.

이런 투자자가 많으면 3가지의 수익은 생겨나지 않습니다. 3가지 수익이란 '자산의 형성' '사회의 형성' '마음의 형성'을 말합니다.

앞서 제1장에서도 다루었지만 빈번하게 매매를 하면 운용

회사는 펀드 내에 일정액의 현금을 준비해 두어야 합니다. 펀드매니저로서는 주가가 내려갔을 때가 '매수 타이밍'이지만 펀드에 '매도'가 쇄도하면 투자자에게 돈을 돌려주어야 하므로 수중의 자금이 없어져 추가 매입을 할 수 없게 됩니다. 결과적으로 '자산의 형성'이 어려워집니다.

두 번째인 '사회의 형성'으로부터도 멀어집니다. 투자처 기업의 경영은 좋을 때와 어려울 때가 있습니다. 예를 들어 벤처기업은 윤택하게 이익이 날 때까지 꽤 시간이 필요합니다. 그 힘겨운 시기에 '매도'가 계속된다면 사회에 좋은 일을 하려는 벤처기업으로도 자금이 돌지 않게 되어 결과적으로 사회의 형성도 이루어지지 않습니다.

심지어 세 번째인 투자자의 '마음의 형성'도 어려워집니다. 단기적인 매매를 하면 돈은 벌 수 있을지도 모릅니다. 하지만 돈이 불어나는 것과 마음이 풍요로워지는 것은 별개의 일. 오히려 사람의 욕구에는 끝이 없으므로 '더 불어났으면' 할 것입니다.

즉 가마쿠라투신의 비즈니스 모델은 '가격이 내려가도 참을성 있게 지지하는 투자자'를 찾는다는 것입니다.

하지만 보통의 투자자는 위험 상품에 익숙하지 않습니다.

가격이 내려가는 것을 극도로 꺼립니다. 이를 '하방 위험 허용도가 낮다'고 말합니다. '무위험·저수익'의 예적금을 선호하는 것도 그 때문입니다.

그리고 사람은 다른 이들과 같은 방향으로 행동하려는 성질을 갖고 있습니다. 그러니 가장 해서는 안 된다고 하는 '시장이 하락할 때 매도'하는 행위로 몰리기도 합니다.

물론 인간은 누구나 감정적입니다. 주위의 모두가 '과연 괜찮을까?'라며 주저할 때 돈을 계속해서 투입하기는 무섭습니다. 일본인은 특히 동조성이 높아서 일본의 주식시장은 하락할 때면 크게 하락하고 오를 때면 크게 오릅니다.

하지만 시장과 반대로 움직이는 것이 투자입니다. 특히 **'자산의 형성'을 위해서는 떨어질 때 사고 오를 때 파는 것이 가장 이득입니다. 이를 위해 필요한 것은 '신뢰'입니다.** 신뢰가 있으므로 가마쿠라투신은 투자기업의 주가가 내려가도 주식을 추가 매입하고 '유이2101'의 수익자(혹은 투자하고 싶다고 생각하는 사람)도 '유이2101'을 추가 매입하는 것입니다(신뢰를 바탕으로 한 투자가 성공하는 이유는 제4장에서 자세히 설명하겠습니다).

사고 싶은 옷을 내일 반값에 살 수 있다면 대부분은 하루를 기다릴 것입니다. 금융상품이나 주식도 마찬가지로, 이것이 '자산의 형성' 면에서는 가장 유리한 방식입니다. 그리고 좋은 회사에 자금이 돌게 되면 '사회의 형성'으로도 '마음의 형성'으로도 이어집니다.

즉 투자자 여러분이 역풍이 불 때도 응원을 계속하는 '팬과 같은 투자자'가 되어 주었으면 좋겠다고 생각합니다.

사실 가마쿠라투신은 많은 팬 투자자들로 둘러싸여 있습니다. 그 증거로 동일본 대지진 때 '유이2101'로의 입금이 급증했습니다. 입금 건수만 보아도 평상시의 10배에 가까운 수치였습니다. 이런 풍조가 지속된다면 우리의 금융도 크게 변화하리라 생각됩니다.

'경영효율이 나쁜 소형주'로

'위험'은 기회가 된다

– '위험'을 재정의하다

제3장

한 회사가
사회에서 없어진다는 것

2009년, 저는 에히메 현 이마바리 시에서 열린 '수건 접기 교실'에 참가했습니다. 이 행사는 수건 제조업체인 이케우치오가닉의 전신인 이케우치타월이 지역의 아이들을 대상으로 개최한 워크숍이었습니다. 에히메 현까지 굳이 수건을 접으러 간 이유는 어떻게 해서라도 확인하고 싶은 것이 있었기 때문입니다.

당시 저는 이케우치타월에 대한 투자를 고민 중이었습니다. 그 회사는 풍력발전의 권리를 사들여 그 전력으로 수건을 짜는 것으로 화제가 된 곳이었습니다. 소위 '에코 회사'로, 제

85

품에는 '바람으로 짠 수건'이란 이름이 붙어 있었습니다. 하지만 그 '에코'라는 것이 어디까지 진짜인지 그것이 알고 싶었습니다.

수건을 곰 모양으로 접는 행사가 끝난 후, 저는 이케우치 게이시池內計司 사장에게 명함을 건넸습니다. "아 그런 거로구먼." 명함을 본 사장은 이렇게 말했습니다. 워크숍에서 한 아저씨가 수건을 접고 있는 것이 이상했다고 합니다.

이야기를 들어보니 이케우치 사장은 환경문제와 관련한 활동에 굉장히 적극적이었습니다. 쓰레기를 줄이려고 페트병 생수를 사지 않는다고 합니다. 페트병 생수를 팔지 말라고 전철역의 매점에 항의한 적도 있다고 합니다. 해외출장을 갈 때만 이코노미 클래스 증후군을 막기 위해 '어쩔 수 없이' 마실 뿐입니다. 전부 합해도 연간 5병 정도.

저는 이케우치 사장이 진심이라는 것을 알았습니다. 그리고 제가 '꼭 도움이 되고 싶다'고 이야기했습니다.

하지만 이케우치타월에 대한 투자는 매우 '비상식'적인 것이었습니다.

사실 이케우치타월은 2003년 9월에 민사재생법* 적용을 신청한 회사입니다. 매출의 70%를 차지하던 거래처가 도산하며 자금의 융통이 불가능해진 것입니다. 하지만 수건의 품질이 매우 우수하고 1999년에 설립한 자사 브랜드는 미국에서 수상한 실적도 있습니다.

민사재생법 적용을 신청한 것은 거래처의 도산 때문이었습니다. 수건의 품질이 저하됐다거나 생산 능력이 떨어진 것이 아닙니다. 그런데 금융기관은 융자를 모두 중단해 버렸습니다.

사장 개인의 자산도 곧 바닥을 드러냈습니다. 고객의 주문이 있어도 공장을 돌릴 수 없었습니다. 이케우치 사장은 "이 정도로 융자가 중단될 줄은 생각도 못했습니다"고 말했습니다.

일본의 금융기관은 도산을 매우 싫어합니다. 민사재생법 적용을 신청한 회사도 거의 같은 취급을 받습니다. 새로 시작하려 해도 은행의 융자를 절대로 받을 수가 없습니다. 은행으로서는 한번 넘어진 회사에 대한 융자는 '위험'입니다.

하지만 재건에 필요한 것은 돈입니다. 당시 이케우치타월에는 많은 팬이 있었으므로 수건을 만들면 팔렸을지도 모릅니다. 하지만 돈이 없으니 제조도 여의치 않았다고 합니다.

민사재생법 적용에 대한 뉴스를 보고 인터넷에 '이케우치타

• 民事再生法, 재건형 도산 절차.

월 힘내라'라는 응원 사이트가 생겼습니다. 그것을 보고 점차 주문이 들어오기 시작했습니다만 그래도 금융기관은 돈을 빌려주지 않았습니다.

그런 이케우치타월에 '유이2101'이 투자를 했습니다. 위험을 싫어하는 금융업계에서는 '비상식'적인 결정이었습니다만 저는 이케우치타월에 투자한 것을 '위험'이라고 생각하지 않았습니다.

도산 그 자체가
위험은 아니다

저는 '진짜 위험'은 따로 있다고 생각합니다. 약간 돌려서 이야기하는 게 됩니다만, 2001년 미국에서 일어난 '엔론 사건'을 가지고 설명하겠습니다.

이것은 미국의 엔론이란 회사의 부정 발각 사건입니다. 엔론은 다각적인 사업전개로 성장해왔습니다만 사실은 채무를 은폐했고 그 부정이 밝혀지며 주가가 폭락하여 파산했습니다.

당시 저는 BGI에서 외국주식을 담당하고 있었습니다. 엔론에는 저의 팀도 투자하고 있었기 때문에 고객들은 "왜 그런 종목을 갖고 있었냐"며 저를 질타했습니다. "프로라면 도산하는 종목 정도는 미리 알겠지?" 그렇게 이야기합니다. 샐러리맨이었던 저는 '죄송하다'고 진심으로 사과했습니다만 애초에 상장기업의 도산이란, 프로라 해도 알 수 없는 일입니다.

덧붙이자면 만약 도산을 미리 판단할 수 있는 재료가 있다면 그것은 내부자 정보가 됩니다. 내부자 정보를 바탕으로 도산 전에 매도해서 빠져나온다면 금융당국에 적발될 것이 분명합니다.

그런데도 투자처가 도산하면 투자자는 화를 냅니다. 이런 구도는 특히 일본에서 볼 수 있는 현상입니다.

이케우치타월의 예에서도 볼 수 있듯이 사람들은 '도산은 실패'라고 생각합니다. 회사를 도산시킨 경영자도 '잘못을 저지른 사람'으로 손가락질 당합니다.

하지만 미국은 그 반대입니다. 벤처기업의 경영자는 도산한 경험이 있어도 마이너스가 되지 않습니다. 오히려 '실패를 통해 배웠다'고 플러스 요소가 되기도 합니다. '적어도 같은 실패를 반복하지는 않겠지'라고 생각하기 때문입니다.

펀드매니저의 입장에서도 도산은 큰 마이너스 요소는 아닙니다. 경영자로서는 도산이나 민사재생 절차가 몸이 찢기는 듯한 고통스러운 기억이기 때문에 '별거 아닌 것'으로 치부하지는 않을 것입니다. 하지만 펀드매니저의 입장에서 보면 위험의 일부일 뿐입니다. 조금 거친 표현일 수도 있지만 **'투자처 중 하나의 주가가 100% 떨어졌다'** 정도의 느낌입니다.

'유이2101'은 도산 위험을 최소화하기 위해 '분산투자'를 하고 있습니다. '유이2101'에서는 한 회사의 투자금액은 순자산 총액의 1.7% 이내로 제한합니다. 2015년 2월 현재, 투자처의 한 회사가 망하더라도 약 1만 6천 엔의 기준가격은 200엔 정도만 하락하는 구조로 되어 있습니다.

여기에서 여러분에게 묻겠습니다.

펀드의 기준가격이 200엔 하락하는 위험과 예를 들어 이케우치타월과 같은 회사가 이 세상에서 없어질 위험, 둘 중에 어느 것이 진정한 의미의 위험이라고 생각합니까?

저는 '투자처의 도산은 진짜 위험이 아니다'라고 생각합니다. **오히려 좋은 회사가 사회에서 없어지는 쪽이 진짜 위험입니다.**

회사에 돈이 필요할 때 많은 금융기관은 손을 잡아주지 않습니다. 회사가 망할 위험이 있기 때문입니다.

하지만 아무도 돈을 빌려주지 않는다면 회사는 망하고 맙니다. 이케우치타월이 아무리 대단한 회사라고 해도 이케우치 사장이 힘껏 버티지 않았다면 이 세상에서 없어졌을 수도 있는 것입니다.

다시 한번 여러분에게 묻겠습니다.

투자처의 한 회사가 망하면 기준가격은 200엔 하락합니다. 이 200엔은 여러분에게 있어 위험입니까?

경영효율과 이익률로는
아무것도 알 수 없다

기후 현에 '미라이공업未來工業'이라는 회사가 있습니다. 콘센트 뒷면에 있는 '스위치 박스'라는 부품을 만드는 회사입니다. 시장점유율은 높지만 그리 큰 이익을 내는 상품은 아닙니다.

미라이공업은 동 업계 회사들과 비교해서 평균 연봉도 휴일 수도 많기로 유명합니다. 제대로 이익을 내고 있지만 도요타 등과 같은 대기업과 비교하면 운용회사 입장에서는 '위험이 높은 회사'입니다. 기업 규모가 작기 때문입니다.

보통 벤처기업과 같은 작은 회사의 주식, 즉 '소형주'는 고

성장하리란 기대심리 등의 이유로 주가의 변동이 큰 것이 특징입니다(볼라틸리티^{volatility}가 높다고 말합니다).

그리고 운용회사가 소형주에 투자하는 이유 중 하나도 이 높은 변동성을 노리기 때문이라고 말할 수 있습니다. 변동 폭이 크다는 것은 많은 이익을 획득할 기회가 있다는 의미로 돈을 크게 벌 가능성이 있기 때문입니다.

물론 그런 작은 회사는 도산할 가능성도 높기에 이를 일컬어 위험이 높다고 합니다.

하지만 저는 작은 회사 중에서도 위험이 높지 않은 곳이 있다는 것을 알고 있습니다.

예를 들어 중소기업 중에 캐시 리치, 즉 차입금이 거의 없고 현금을 많이 가진 회사가 그렇습니다. 미라이공업은 바로 이런 유형의 회사입니다.

하지만 여기서도 '상식'이 방해를 합니다. 현금을 많이 가진 회사는 '경영효율이 나쁘다'는 딱지가 붙고 마는 겁니다. 경영효율이 나쁜 회사는 '굼뜬 회사'라는 말을 듣습니다.

또 추구하는 이익률이 업계마다 다르다는 점에 대한 이해도가 낮은 것도 이런 '굼뜬 회사'에 자금이 돌지 않는 이유라고 생각합니다.

'유이2101'이 투자하고 있는 베르그어스BERG EARTH라는 회사가 활약하는 곳은 농업의 세계입니다. 농업에서 IT기업과 같은 정도의 이익률을 낼 리가 없습니다. 만약, 높은 이익률만을 인정한다면 이 세상에는 IT기업만 존재하게 될 수도 있습니다. 그렇게 되면 사회가 성립될 수 없습니다.

"경영효율이 나쁘고 이익률이 낮다." 투자의 맛이 작다는 이유로 이런 회사들은 투자자나 펀드를 찾지 못해 곤경에 처해있습니다. 이런 중소기업이 압도적으로 많은 데도 불구하고 말입니다.

저희는 이런 '굼뜬 회사' 중에 '소형주는 위험이 높다'는 상식을 무너뜨린 기업을 여러 업계에서 찾아내고 있습니다. 그리고 분산투자로 전체 위험을 줄임으로써 투자자도 안심하고 투자할 수 있는 틀을 제공합니다.

적자에도, 비상장에도
투자하는 이유는

앞서 '소형주는 위험이 높다'고 말했지만 물론 대기업이라 해서 모두가 안심할 수 있는 것은 아닙니다.

예를 들어 어떤 대형 햄버거 프렌차이즈는 이물질이 섞여 들어갔다는 보도로 단숨에 실적이 곤두박질쳤습니다. 기업 규모가 크면 보도의 파급효과도 크고 타격도 큽니다. 하지만 대기업이 위기에 처하면 많은 금융기관이 '무너뜨릴 수 없다'며 지원을 시작하므로 펀드 입장에서는 '안심할 수 있는 투자처'입니다.

하지만 저는 이런 '대기업 중심'의 발상이야말로 위험하다고 느낍니다.

예를 들어 많은 펀드가 절대적으로 안전한 대기업에만 투자했다고 합시다. 도요타나 닛산 등 일본에는 세계에 내세울 만한 대기업이 많이 있으므로 투자처 선정에도 큰 어려움은 없겠지요.

하지만, **돈이 대기업에 집중된다는 것은 중소기업에 돈이 돌기 어려워진다는 것을 의미합니다.** 심지어 돈을 벌기 어려운 소셜 벤처(사회적 과제를 해결하기 위해 설립된 벤처)에는 더욱 돈이 건너가지 않게 됩니다. 이렇게 되면 '좋은 사회'가 생겨나기까지 시간이 더 걸리게 됩니다.

'유이2101'은 규모가 작은 회사에도 투자합니다. 앞서 등장한 미라이공업도 투자처 중 하나입니다.

비상장기업에도 투자합니다. 상장하지 않았기 때문에 회사가 발행하는 사채에 투자합니다. 한 회사당 투자금액은 5천만 엔에서 1억 엔 정도인 경우가 많습니다.

어째서 일반적으로 위험이 높다고 여겨지는 '작은 회사'나 '비상장 회사'에 투자하는 것일까요. 그것은 그들이 사회적으로 필요한 존재이기 때문입니다.

금융의 세계에서는 항상 높은 성장이 요구됩니다. 특히 도산할 위험이 높은(높다고 제멋대로 여겨지는) 중소기업은 지속적인 성장이 요구됩니다. 그렇지 않으면 금융기관의 수익이 늘지 않기 때문입니다.

하지만 저는 굳이 작은 회사들에 투자하면서 '그걸로 충분하다'고 말해주고 싶습니다. 작은 것이 위험은 아닙니다. 사회성이 있는 사업을 하고 있다면 사회에서의 존재 가치는 충분한 것입니다.

벤처기업 중에는 가마쿠라투신이 투자하고 있다는 정보를 바탕으로 다른 금융회사로부터 돈을 끌어오는 사례도 있습니다. 말하자면 '유이2101'의 투자실적이 여신이 된 것입니다. 그로 인해 장애인 고용이 나아지거나 임용이 활성화된다면, 가마쿠라투신이 이용되어도 전혀 개의치 않습니다. 작은 회사일지라도 자금 조달에 어려움을 겪지 않도록 하는 것이 저희의 미션 중 하나이기 때문입니다.

위험 회피를 위한
3가지 방법

저희는 일반적으로 '위험이 높다'고 여겨지는 벤처에도 투자합니다만 그것을 위험이라고 생각하지 않습니다. 일반 금융기관과 위험을 받아들이는 방식이 다르기 때문입니다.

반면, '유이2101'에만 있는 위험도 있습니다.

예를 들어 투자자의 '응원하는 마음'이 없어지는 것, 돈의 수익에만 눈이 가서 '어쨌든 돈만 벌면 그만'이라는 마음을 갖게 되는 것, 이것도 반드시 피해야만 하는 위험입니다.

투자자 모두가 그렇게 생각해버리면 벤처나 한번 실패했던 회사로는 돈이 갈 수 없기 때문입니다. 그렇게 되면 좋은 회사는 이 세상에서 없어져 버릴지도 모릅니다.

저희는 3가지 방법으로 위험을 낮춥니다.

첫 번째는 **예측을 하지 않는다**는 것입니다.

앞에서 말씀드린 대로 저는 예측을 하지 않습니다. 'A사의 주가가 오를지도 몰라'라고 예측해도 때때로 빗나가곤 하기 때문입니다.

이런 예측을 그만두는 것은 위험을 낮추는 데에 도움이 됩니다. 예를 들어, A사의 실적이 좋아진다고 생각하면 주식을 많이 사려합니다. 혹은 '다음 해에 올라갈 테니 지금 파는 일은 그만두자'고 생각합니다. 결국 기업을 응원하기 보다는 주가의 오름과 내림에 주목하고 마는 투기적인 관점이 생겨납니다. 제가 예측을 하지 않는 것은 이러한 위험을 낮추고 싶다는 마음에서 비롯된 것이기도 합니다.

두 번째 방법은 간단합니다. 투자처에 **돈은 제공하지만 경영방침에는 간섭하지 않는다**는 것입니다.

벤처캐피털에는 돈뿐만 아니라 예를 들어 임원과 같은 인재도 파견하여 벤처의 성장에 적극적으로 관여하는 곳도 있습니다. 하지만 돈을 제공하며 관여하게 되면 그 조언에는 강제력이 발생해버립니다. '이렇게 하면 어때'라는 조언이, 따르지 않으면 안 되는 명령이 될 수도 있습니다. 진심으로 상대를 생각한다고 해도 '응원의 자세'보다 '강제력'이 발동하고 맙니다.

그래서 저희는 투자처와 수익자간 '만남의 기회'는 제공하지만 관여는 하지 않습니다. 바깥에서 지원하는 '지지자'에 가깝다고 할 수 있습니다.

그리고 세 번째 방법은 **투자처를 '가시화' 한다**는 것입니다.

이것은 굉장히 중요한 것으로, 저는 위험 중 대부분은 '앎'으로 낮출 수 있다고 생각합니다.

예를 들어 학생에게 취직 활동은 큰 위험을 내포합니다. 기업의 실태를 모르는 상태에서 한 기업을 선택해야만 하기 때문입니다. 그러니 평판이 좋은 대기업에 들어가는 것으로 위험을 방어(risk hedge)하려는 것입니다.

이런 이유로 가마쿠라투신은 투자처를 '알' 기회를 제공합니다. 그중 한 가지가 일 년에 한 번 열리는 수익자총회입니다. '유이2101'의 운용보고와 더불어 그 운용보고의 일환으로 투자처를 소개합니다. 투자처의 사장과 직원이 등단하여 사업 내용이나 사풍을 전하고 있습니다.

위험은 '진심'으로
극복할 수 있다

투자처를 '모른다면' 불신감이 생겨나지만 '알고 있다면' 진심이 생겨나 응원하게 된다고 생각합니다.

그것을 상징하는 일이 바로 제1장에서 소개한, 2013년 수익자총회에서의 한 장면입니다.

"지난달에 비로소 흑자전환 하였습니다!"

투자한 이래 계속 적자였던 임업 재생업을 하는 '도비무시'

의 이야기입니다. 주요 자회사들을 이끄는 마키 다이스케牧大
介 사장이 입을 열어 그렇게 발표하자 회장은 박수갈채로 가득
찼습니다.

일반적인 투자자라면 '비로소 흑자전환'이라는 말에 불안감
이 커지겠지요. 하지만 '유이2101'의 수익자는 지금까지 도비
무시가 고생한 것을 알고 있으므로 흑자전환 되었다는 소식에
바로 회장이 뜨거워진 것입니다.

꿈꾸는 사회의 모습을 수익자와 공유하는 것도 위험을 대비
하는 방법입니다. '유이2101'은, 투자자가 '유이2101'에 돈을
맡기고 '유이2101'이 투자처에 그 돈을 제공하는 것으로 성립
됩니다. 즉 '유이2101'의 세계관이 투자자에게 전해지지 않으
면 '가마쿠라투신이나 아라이는 괜찮을까?' '그 투자처는 신용
할 만한가?'라는 의구심이 생겨날 것입니다.

**위험을 넘어설 수 있게 하는 것은 투자처에 대한 마음에 있
고 진심에 있습니다. 그리고 금융은 진심의 순환입니다.**

진심이 없다면 '의구심'이 생겨나지만, 진심이 있다면 '공감'
이 생깁니다. 진심이 있으므로 비로소 사람은 위험을 극복할
수 있다고 생각합니다.

'싸게 사서
비싸게 판다'에
필요한 것은

제4장

금융공학이 아닌
'신뢰'

― '투자'를 재정의하다

왜 돈은

'냉정하다'고 인식될까

쌀 때 사서 비쌀 때 판다. 운용의 세계에서 이익을 내는 것은 이 방법밖에 없습니다. 하지만 이 말처럼 오해를 받는 것도 세상에 없을 겁니다. 이번 장에서는 투자에 성공하기 위한 유일한 길인 '쌀 때 사서 비쌀 때 판다'의 진짜 의미와 어떻게 하면 이를 실천할 수 있을지를 소개하겠습니다.

BGI를 그만둘 때 저는 2개월 동안 회사내 거의 모든 부문의 직원을 대상으로 연구회를 열었습니다. 신세를 진 회사에 그 은혜를 갚고자 BGI의 투자철학이 얼마나 멋진 것인지 전할 생각이었습니다.

당시 BGI는 사업통합에 따른 구조조정을 앞두고 있어 현장에선 전전긍긍하는 분위기가 흘렀고, 저는 회사를 떠나기 전에 구심력이 저하된 이 상황을 어떻게든 해결해보고 싶었습니다.

그때, 한 여직원으로부터 신경 쓰이는 말을 들었습니다.

BGI의 투자방침에는 **'장기운용'**이 있습니다. 고객의 자산을 장기적으로 맡아 안정된 운용을 목표로 하는 것입니다. 하지만 그 직원은 이렇게 말했습니다.

"아라이 씨, 연금운용에서 장기투자가 중요하다는 것은 이해했습니다. 그렇다면 왜 매일 사고파는 거예요? 장기적으로 투자하면 이익이 난다고 하면서 말이에요."

쌀 때 사서 비쌀 때 판다. 장기운용을 추구하던 BGI라고 해도 위탁받은 자산을 늘리기 위해서는 그 방법밖에는 없습니다. 그것을 반복하며 이익을 내는 겁니다.

이때 저는 이론적으로 설명을 하긴 했지만 속으로는 '맞아. 일반인들이 이해하긴 어렵지'라고 생각했습니다. 이런 논리로는 일반인들을 이해시킬 수 없습니다. 그렇기 때문에 돈과 금융은 '무섭다' '냉정하다'고 인식되는 것이겠지요. 이 말을 들은 이후 저는 오랫동안 고민에 빠졌습니다. 그러나 한편으론 이 말이 지금의 가마쿠라투신 운용방법의 힌트가 되었습니다.

'유이2101'의 운용에서는 투자처의 기본적인 경영방침 등이 바뀌지 않는 한, 단기적인 업적이 나쁘더라도 계속 보유합니다.

서브프라임은
'분리단절'하여 이익을 높이는 상품

쌀 때 사서 비쌀 때 파는 것 외에는 금융자산을 늘리는 방법이 없습니다. 하지만 이 방법으로는 '장기운용'의 철학을 지킬 수가 없습니다. 이 딜레마가 마음에 걸리던 중 2008년 리먼 쇼크가 터졌습니다.

그것은 저희 팀이 8년에 걸쳐 쌓아온 것을 한순간에 날려버렸습니다. 스스로 대단하다고 생각했던 '투자는 과학'이라는 신념이 맥없이 무너져 버리고 이 세상에 믿을 수 있는 것은 아무것도 없다는 생각으로 고민에 빠졌습니다.

세계 최고봉으로 불렸던 BGI의 투자철학도 방법도 통하지 않았던 것은 왜일까요?

끝까지 따져본 결과, 금융업계와 금융상품 모두가 공통으로 지닌 한 가지 문제에 다다르게 되었습니다.

그것은 '분리단절'입니다. 투자기법의 고도화, 효율화 그리고 위험 분산 등을 이유로 모든 것을 세세하게 잘라 나누어 각각의 관계가 알 수 없게 되어버린 것입니다.

'서브프라임 론'은 그 전형적인 예입니다.

알고 계신 대로 이 상품은 여러 가지 채권을 운용자를 알 수 없는 수준으로까지 세세하게 나눈 뒤 혼합하여 만들어졌습니다. 그야말로 얼굴이 보이지 않는 '놋페라보'* 같은 상품입니다. 그 '놋페라보'를 거래하고 있었음에도 수식에 의존하며 문제없다고 말했으니, 지금 생각하면 서브프라임 론의 파탄은 당연한 것이었습니다.

서브프라임 론이라 불리는 리먼 쇼크의 '주범'은 확실히 그 자체로 문제가 있었지만 그 '분리단절'의 사상은 여전히 모든 금융에 퍼져 있습니다.

그것은 'BGI 시절의 나'와 '가마쿠라투신에서 운용하는 지금의 나'의 가장 큰 차이에서 여실히 나타납니다.

지금 저는 투자처 기업과도, 투자자(수익자) 고객과도 빈번하게 만납니다. 일본 전역을 돌아다니며 얼굴을 보고 때때로

---

* 사람 모습을 하였으나 눈과 코가 없는 일본의 요괴.

수 시간 동안 이야기를 나눕니다. 하지만 예전의 저는 단 한 번도 투자하는 기업에 방문한 적도 없었고, 고객과 이야기한 적도 없었습니다. '위탁받은 자산을 지키고 늘린다.' 이 생각은 변함이 없지만 돈을 순환시키는 역할을 하면서도 돈을 내어준 곳이나 돈을 받은 곳과 단절되어 있었던 것입니다.

이는 금융업계에서는 당연한 일입니다. 빈번하게 매매를 반복하면 내일 그 기업의 주식을 보유할지 아닐지 모르는 데 기업에 굳이 방문하는 비효율적인 일을 하겠습니까. 내일이면 해약할지도 모르는 고객과 정기적으로 이야기를 나눌 일이 있을까요?

그렇습니다. 금융이라는 것은 여러 관계성을 나누어 끊는 것으로, 아니, 나누어 끊을수록 효율이 높아집니다. 그리고 서브프라임 론은 그 정점에 있었습니다. 그러나 그 폐해로 정말로 서로 얼굴이 보이는 거리에 있어야 할 것들을 볼 수 없게 되어버렸습니다.

리먼 쇼크로 파탄난 것은 '보지 않는 관계'를 전제로 한 금융이었습니다.

어떤 수식도
감정의 속박에서 벗어날 수 없다

보지 않는 관계를 바탕으로 한 금융에 '신뢰'는 피어날 수 없습니다.

엄청난 투자철학과 최신 기법을 가졌던 BGI에도 신뢰는 없었습니다.

아무리 합리적인 투자자라도 주가가 내려가면 불안합니다. 그건 펀드매니저도 마찬가지입니다.

그 전날과 비교하여 주가가 반 토막이 됐다면 사실은 노리던 주식을 비교적 싸게 살 수 있는 기회입니다. 모두가 머리로는 알고 있지만 주가가 더 내려갈까 겁을 냅니다.

가격이 내려갔을 때 팔지 않는 것도 투자자에게 합리적으로 설명하기 어렵습니다. 불안이라는 감정에 휩쓸려 금방이라도, 지금 가진 이익만이라도 확정하고 싶어집니다. 그것을 이성으로 눌러 제때에 매매할 수 있도록 BGI는 모델을 만들었습니다. 인간의 감정을 배제하는 것으로 불안을 이겨내려는 발상입니다.

왜 이런 접근방식이 리먼 쇼크 때는 잘 작동하지 않았던 것일까요?

제가 도달한 답은 '쌀 때 사서 비쌀 때 판다'에 대한 이해에 실패했기 때문이라는 것입니다.

이 말은 그저 '쌀 때 사서 비쌀 때 판다'라는 문자 그대로를 뜻하는 것이 아닙니다. 혼자 스스로 판단을 하는 한, 가격이나 지표와 같은 '남들의 기준'에 의지할 수밖에 없습니다. 그런 기준은 리먼 쇼크와 같은 큰 사건에 의해 쉽게 흔들립니다. 아무리 신뢰할 수 있는 기준이어도 일단 흔들리면 불안에 휩싸입니다.

이것이 시장 전체가 공황상태에 빠졌을 때 BGI가 큰 손실을 보게 된 이유가 아닐까. 지금은 그렇게 생각합니다.

설령 반 토막이 되더라도
계속 보유할 수 있을까

그렇다면 '쌀 때 사서 비쌀 때 판다'의 알맞은 이해는 무엇일까요? 그 열쇠는 '신뢰'입니다.

결론부터 말하자면 신뢰하므로 반 토막이 나더라도 계속 보유할 수 있습니다. 바꾸어 말하면 '아무리 하락해도 그 종목을

믿고 계속 보유할 각오가 있으니 돈을 번다'는 것입니다.

신뢰를 바탕으로 한 투자야말로 제가 추구하는 것임을 깨달은 것은 제가 운용하는 '유이2101'의 한 투자자 고객에게 배운 경험 때문이었습니다.

2011년 3월 11일. 동일본 대지진은 인명피해뿐만 아니라 경제에도 엄청난 타격을 입혔습니다. 많은 기업의 주가가 불안에 휩쓸려 하락했습니다. 운용을 시작하고 1주년을 맞이한 '유이2101'도 당연히 이 파도에 쓸려 가리라 생각했습니다.

하지만 '유이2101'의 기준가격은 크게 하락하지 않았습니다. 이는 다른 기업에 비해 투자처 기업들의 성장이 떨어지지 않았기 때문입니다.

그리고 자금 유출이 유입을 웃도는 일도 없었습니다.

좋은 회사를 응원하는 것이 목적인 고객은 다소 주가가 내려가도 간단히 해약하지 않습니다. 오히려 가격이 싸졌을 때가 매입할 때라며 신규고객이나 기존고객들의 구입신청이 많아졌습니다.

이러한 비상식이 주위 시선에 아랑곳하지 않고 통할 수 있는 배경에는 바로 얼굴을 보는 관계에서 자라난 신뢰가 있습니다. 어떤 이는 '당신들이 응원하는 기업이라면 안심할 수 있네'라며, 또 어떤 이는 '유이2101'이 투자하는 기업의 팬이 되어 우리를 신뢰합니다.

그러한 '팬 투자자'는 조금이라도 '유이2101'의 가격이 내려가면 '싸다'고 느끼고 추가로 매입하기도 합니다. 이러한 팬 투자자와 투자처 기업이 '유이2101'을 통해 연결되어 신뢰관계를 구축하고 '얼굴을 보는 관계'가 된 결과 '유이2101'은 흐트러짐 없는 투자신탁으로 성장하고 있습니다.

이러한 관계를 주주와 맺어온 기업도 있습니다.

토마토 가공식품의 최대기업인 가고메는 20만 명이 넘는 개인주주가 있으며 개인주주는 발행주식 총수의 약 70%를 차지합니다. 가고메는 개인투자자를 '팬 주주'라 부르며 적극적으로 이들과 소통하고 있습니다.

그리고 가고메의 주식은 '만년 고가격' 상태입니다. 이렇게 늘 비싼 상태에 머물러 있는 **'만년 고가격'의 금융상품은 사실 경제학 이론에는 맞지 않습니다.** 왜냐하면 가격 차를 이용해서 이익을 내는 '재정거래'*가 이루어지지 않음을 의미하기 때

● 서로 다른 두 개 이상의 시장 간에 가격의 차이가 있을 때 그 가격 차이를 이용하여 이윤을 얻는 거래를 말한다.

문입니다. BGI 시절의 저라면 이런 경제학에 반하는 현상을 설명할 수 없었겠지요.

사람은 눈에 보이는 관계밖에 믿을 수 없습니다. 그러므로 관계를 단절시켜 볼 수 없게 한 금융은 '어쩐지 수상쩍다'고 생각해 버립니다.

투자의 철칙인 '쌀 때 사서 비쌀 때 판다'는 것은 보는 관계에서 생겨난 신뢰가 있어야만 가능해집니다. 그래서 저는 투자신탁의 운용자이면서 일본 전국을 누비며 사람과 사람을 이어주는 것에 심혈을 기울입니다. 그 연으로 생겨난 신뢰는 좋은 투자처 회사를 지지하고 고객의 자산을 지키는 투자를 실현해줍니다.

복잡한 수식모델이 아닌 '신뢰'야말로 '쌀 때 사는' 투자의 진수입니다.

'주관'이 공감을 부르고
신뢰를 낳는다

이러한 경험에서 저는 투자처를 '주관'을 갖고 선정하기 시작했습니다. 그러자 한 가지 재미있는 것을 알게 되었습니다. 사람은 객관적이 될수록 '냉정해진다'는 것입니다.

수익자총회에서의 일입니다.

"투자처를 사회성으로 선정하는 기준에 대해 알려주세요."

어느 분이 이런 질문을 했습니다.

당시 저는 아직 '투자처는 주관으로 고르는 게 좋다'고 명확하고 자신있게 딱 잘라 결론짓지 못했습니다. 그래서 "아직 '이거다' 싶은 기준을 찾지 못했습니다"라고 대답하니 그 뒤에 다른 고객에게 이런 말을 들었습니다.

"아라이 씨에게 돈을 맡기는 입장에서 '내가 정했습니다'라고 딱 잘라 말해 주길 바랐습니다."

가마쿠라투신의 '유이2101'에 모인 투자자는 일반 투자자와 달리 '믿을 수 있는 것을 발견했다'고 생각하고 투자한다는 점을 이때 똑똑히 알게 되었습니다. 이것이 바로 눈에 보이는 관계구나 하는 것을 말입니다.

저는 더듬어 가면서 제 나름의 '좋은 회사'를 찾고 있었습니다. 그리고 어느새인가 저의 '시선'에 공감하고 신뢰를 보내는 고객들이 모였습니다. 저의 '주관'이 투자자의 '공감'을 낳게 한 것은 아닐까 하고 느꼈습니다.

만화책에 몰입할 수는 있지만 교과서를 보면 졸음이 쏟아집니다. 이와 마찬가지로 객관적인 지표로 선정한 회사는 '납득'할 수는 있어도 '공감'은 불러올 수 없습니다. 금융이 냉정하다고 느껴지는 것은 그 때문 아닐까요.

잘 생각해보면 사람과 사람을 이어주는 것은 '주관'에서 생겨납니다. 결혼 상대도 '이 사람이 좋다'고 주관으로 정하듯이 사람 사이의 이어짐도 주관으로부터 생겨납니다. 공공기관의 펀드라면 모르겠지만 '유이2101' 같은 민간 투자신탁이라면 투자처를 '주관을 바탕'으로 선정해도 괜찮습니다.

투자는 과학이 아니라 진심! 중요한 것은 투자처와 투자자의 '온도'이고 그 온도를 높이기 위해 필요한 것은 주관이었습니다.

극단적으로 말하면 고객이 '아라이가 틀린 것이라면 어쩔 수 없지'라고 말해줄 정도의 신뢰관계를 만들어야 합니다.

1등 찾기를 그만두다
– 경쟁에서 공동 가치의 창조로

주관은 또 하나의 중요한 것을 가르쳐주었습니다.

사람들은 뭐든지 1등을 선택하려는 경향이 있습니다. '△△ 업계 1위'나 '△△의 세계에서 넘버원' 등의 문구는 가는 곳마다 눈에 띕니다.

수많은 기업 중에서 1등을 고르는 데 필요한 것은 객관적 기준이며 효율적인 탐색 방법입니다. 하지만 여기에서 생겨나는 것은 획일적인 기준으로 최고를 다투는 '경쟁'일 뿐입니다. 절대적으로 옳은 기준은 없으며 그 어떤 기준으로 평가해도 늘 1등을 한다는 것은 있을 수 없는 데도 경쟁하고 맙니다.

그리고 경쟁은 온리원only one을 인정하지 않습니다. 게다가 이런 냉정한 기준으로부터 신뢰가 생겨나기란 불가능합니다.

주관으로 선택한다는 것은 사실 '1등 찾기를 그만둠'을 의미합니다.

누군가가 정해 놓은 기준이 아니라 자기 자신이 신뢰할 수 있는 것을 스스로 고르고 확실한 관계를 만들어 나가는 것. 이 신뢰의 '고리輪'에서 생겨나는 것은 경쟁이 아닌 '공동 가치의 창조'입니다.

그러므로 1등을 찾는 대신 온리원이라고 할 수 있는 회사에 투자하는 '유이2101'이 결과적으로 'R&I 펀드 대상 2013' 투자 신탁·국내주식 부문에서 1위에 오른 일은 큰 의미를 지닌다고 생각합니다. 그것은 저희 가마쿠라투신의 방식이 인정받았다는 것뿐만 아니라 남들과 달라도 괜찮다는 메시지를 전할 수 있기 때문입니다.

"투자처 기업을 스스로 주관을 통해 정하고, 자신이 느낀 점을 투자자에게 전하고, 관계를 맺어가는 것. 이로 인해 나는 경쟁에서 자유로워졌다." 저는 이렇게 말할 수 있습니다.

전 직장의 선배에게
울며 머리를 조아리다

물론 저희 가마쿠라투신도 처음부터 순탄하게 신뢰의 순환을 만들었던 것은 아닙니다.

가장 힘들었던 것은 저의 재산이 바닥을 드러낸 것이었습니다. 가마쿠라투신을 설립하고 4년 정도 지났을 때입니다.

제1장에서 말씀드린 대로 저희의 수입은 '신탁 보수' 뿐입니다. 그것도 자산의 1%이기 때문에 위탁받은 금액이 적으면 회사의 운영비용도 나오지 않습니다.

설립 이후 한동안 점점 한계에 가까워졌습니다. 가족을 지키기 위해서는 가마쿠라투신에서 일을 계속할 수 없다. 하지만 가마쿠라투신이 설 자리를 사회에 남겨야 한다. 이 두 생각 사이에서 갈등했습니다.

고민 끝에 이전 직장의 선배를 찾아가, "저 대신에 가마쿠라투신의 운용책임자를 맡아주지 않겠습니까?"라고 부탁했습니다. 그러면서 속으로는 '운용담당을 선배에게 맡기고 나는 외국계 운용회사로 다시 돌아가 거기서 번 돈을 가마쿠라투신에 투입하자' 이렇게 생각했습니다.

선배에게 머리를 조아리고 울면서 탄원했지만 간단히 거절당하고 말았습니다.

"자네의 회사이지 않은가. 그건 내가 이어받을 수 없지."

지금은 '자네라면 할 수 있어'라는 질타였다고 생각하지만 당시에는 '더는 무리다'라고 생각했습니다.

돈을 모을 방법은 있었습니다. 가장 간단한 것은 이전 직장의 고객(연기금 등)을 가마쿠라투신의 고객으로 만드는 것입니다. 대형투자가 들어오면 가마쿠라투신의 보수도 늘어납니다.

하지만 '좋은 회사를 늘리자'는 가치관은 그 고객들에게는 전해지지 않을 수도 있습니다. 얼굴을 보는 관계보다 수익을 추구할지도 모릅니다.

저희 가마쿠라투신의 철학은 '투자는 진심'이라는 것입니다. 그것을 묶어낸 금융은 '진심의 순환'인 셈입니다.

저희가 신념을 저버리면 신뢰도 공감도 잃고 진심은 단숨에 순환할 수 없게 됩니다. 그러므로 저희는 이전 직장의 거래처에는 의존하지 않기로 결정했습니다. 결국 이 위기는 다른 임원들의 협력으로 넘어설 수 있었습니다.

개인 자산을 전부 공개하다
– 펀드에 혼을 담기

저는 제 자산을 공개하고 있습니다. 보유하고 있는 금융상품은 '유이2101'뿐이고 이 책을 집필하고 있는 이 시점에 평가액은 310만 엔입니다. 이것이 저의 전 재산입니다. 다른 금융자산은 가마쿠라투신의 창업 당시에 다 써버렸습니다.

미국은 펀드매니저의 자산공개가 의무화되어 있습니다. 하지만 일본은 공개할 의무가 없습니다. 그러므로 저의 행동은 일본에서는 극히 비상식적인 것입니다.

왜 일본에서는 공개되지 않는 것일까요? **많은 펀드매니저가 자신이 운용하는 펀드를 사지 않기 때문**입니다.

일반적인 투자신탁은 판매회사의 의향을 고려하여 조성됩니다. 그러므로 펀드매니저의 사상이나 정신이 반영되기 어렵고 자신의 펀드를 사지 않는 매니저가 많습니다. 자산공개가 의무가 된다면 '알맹이가 빠진 펀드'라는 것이 드러나 곤란해질 사람도 있습니다.

어떤 전문가가 당국에 펀드매니저의 자산공개를 제안하자 '개인정보이므로 공개할 수 없다'는 답변을 들었다고 합니다. 전 개인정보라는 단어가 잘못 사용되었다고 생각합니다.

저는 '유이2101'에 각오와 자부심을 지니고 있으므로 당연히 돈을 투자하고 자산을 공개하고 있습니다. 매우 평범한 일이라고 생각합니다만 이것이 비상식인 업계가 안타깝기도 합니다.

참고로 한 가지 덧붙여 말씀드립니다. 저는 금융자산 전액을 '유이2101'에 투자하고 있지만 이런 투자를 여러분에게 추천하지는 않습니다.

투자의 기본은 분산투자입니다. 개중에는 '아라이 씨가 투자하고 있다면'이라며 전액을 투자하는 분도 있습니다만 추천하지 않습니다. 제가 전액을 '유이2101'에 투자한 것은 어디까지나 저의 각오를 고객에게 보이기 위함입니다. 여러분은 분산투자를 지키기 바랍니다.

금융의 역할은 '이어주는' 것입니다. 좋은 회사와 좋은 투자자를 이어줄 수 있을 때 사회로부터 평가받고 신뢰가 생겨나는 법입니다. 만약 가마쿠라투신이 망한다면 그것은 저희가 큰 착각을 했거나 너무 시대를 앞서 나간 것이라 생각했습니다.

하지만 '아라이 씨에게 돈을 맡겼으니까'라는 투자자의 목소리가 저희의 가설을 확신으로 바꾸어 주었습니다.

앞서 말씀드린 대로 수익자총회에는 수익자의 약 10%가 참가합니다. 수익자의 수도 계속해서 늘고 있습니다.

갖은 지원 덕분에 가마쿠라투신은 이제야 흑자전환이 보이기 시작합니다. 창업하고 약 7년 동안 창업 멤버들은 조금만 더 힘내면 된다고 말해왔습니다. 조금 시간이 걸리긴 했지만 신뢰의 고리를 만들어 투자의 열매를 얻을 수 있게 되었습니다.

'신용등급'보다
중요한

제5장

'8가지의
회사 평가 방법'
- '경제지표'를 재정의하다

좋은 회사는

'신용등급'으로는 알 수 없다

리먼 쇼크 전후로 금융업계는 많은 것을 잃었습니다. 당시 BGI를 퇴직한 상태였던 저도, '쌓아온 것들이 0이 되어버렸다'는 이전 직장 동료의 이야기를 듣고 큰 충격을 받았습니다.

당시의 금융업계는 '신용등급'을 중심으로 움직였습니다. 투자처를 고를 때 등급이 좋은 회사는 '투자하고 싶은 회사', 등급이 나쁜 회사는 '투자에 적합하지 않은 회사'로 판단되었습니다.

하지만 이 방법으로는 어느 운용회사라도 같은 회사에 투자하게 됩니다. 뒤집어 말하면 하나의 운용회사가 실패하면 다른 회사도 마찬가지로 실패하게 됩니다. 리먼 쇼크는 신용등급 의존형 비즈니스 모델이 만들어낸 당연한 귀결이었던 것입니다.

BGI에서는 기업평가에 '퀀트quant 운용'이라는 기법을 사용했습니다. 기업을 객관적, 정량적으로 분석하는 방법으로 기업의 재무제표가 있으면 '투자에 적합한 기업'인지 아닌지 금방 알 수 있습니다. 그러므로 저는 투자처에 특별히 어떤 마음을 가질 것도 없으며(이런 감정을 배제하고자 고안된 것이므로 당연하지만) 나아가 투자처의 사장을 만나는 일도 없었습니다.

신용등급을 바탕으로 투자처를 선정하고 수식모델을 구사하여 투자하는 것. 저희는 모두 돈에 레버리지*를 걸어 불려갈 생각이었지만 그 결과는 '어디에 투자하고 있는지 모른다'는 본말전도의 사태였습니다. 게다가 만들어낸 것이란, 돈도 아니고 새로운 가치도 아닌 '거품'이었습니다.

---

* Leverage, '지렛대의 힘'이라는 뜻으로 금융에서는 수익을 높이기 위해 자기자본에 차입자본을 더해 자산 규모를 늘려 수익을 극대화하는 것을 말한다.

신용등급이 탄생시킨 것은
펀드매니저의 '무책임화'

신용등급의 무엇이 문제였을까요?

제3장에서 이야기한 '도산하는 회사에 왜 투자하느냐'고 비난받았던 일화와 관련이 있습니다.

비난을 면하기 위해 펀드매니저는 어떻게 하면 좋을까요? 제삼자인 기관으로부터 '도산할 확률이 낮다'고 인정받은 곳에만 투자하면 됩니다. 그렇게 하면 펀드매니저가 비난받을 위험은 줄어듭니다.

그러므로 펀드매니저는 등급이 높고 수익이 높은 것을 선호합니다. 자신은 비난을 면하면서 수익도 높으니 당연한 일이지요.

그리고 '등급이 높고 수익도 높은' 상품은 그 수요도 늘어나기 마련이어서 결국 입맛에 맞는 상품들이 대거 만들어졌습니다. 등급만 높다면 뭐든 괜찮았기 때문입니다.

이러한 구조가 여러분이 잘 알고 있는 서브프라임 문제를 야기했습니다. 펀드매니저가 위험 관리에 필요한 신용판단을 외부 기관에 이관한 것입니다.

그러므로 **제삼자 기관의 평가에 극도로 의존한다는 것은 실은 운용회사의 무책임이나 다름없습니다.** 펀드매니저는 신용평가기관의 평가를 신뢰합니다만 그 이유는 평가에 따르기만 하면 위험 판단의 책임은 면해진다는 측면이 있기 때문입니다. '그곳이 평가한 것이므로 괜찮습니다'라고 말해두면 추궁당할 일도 없습니다.

"저도 피해자입니다."

리먼 브라더스 사장이 미 의회의 공청회에서 추궁당하자 엉겁결에 내뱉은 이 말이야말로 **금융계의 누구도 책임지지 않는다**는 증거입니다.

게다가 긴급 상황에서는(리먼 쇼크는 물론 재해의 경우도) 이러한 등급 의존형 투자는 도움이 되지 않았습니다.

"저희는 위험에 대비하려 했지만 그저 형식상으로 위험을 회피하였을 뿐 실제 위험이 위기인 상황에는 그대로 노출되어 있었습니다." 이 말은 너무 무책임합니다.

가마쿠라투신이 발견한

'좋은 회사'의 14가지 관점

BGI는 금융공학 최전선의 회사였습니다만 그들이 사용하는 '수식모델'로는 할 수 없는 것이 있었습니다. 그것은 '잇는' 것입니다.

사람과 사람, 기업과 사람, 기업과 기업……, '이어짐'은 여러 가지 형태를 가리킵니다. 예를 들어 예전의 저에게는 투자처의 사장과 직원과의 이어짐이 없었습니다. 투자처와 이어지지 않으면 '마음'이 생겨나질 않습니다. 가마쿠라투신을 설립했을 때, 투자처를 마주해야겠다고 생각했습니다.

하지만 어떤 경영자가 좋은 경영자인지, 나아가 어떤 회사가 좋은 회사인지 이제까지 투자처에 가본 적이 없는 저로서는 전혀 알 수가 없었습니다. 공부를 위해 사카모토 고지 선생의 저서를 몇 번이고 읽었습니다.

사카모토 선생은 호세이法政 대학 대학원의 정책창조연구과 교수를 역임 중인 경영학자로 7,000여 곳이 넘는 중소기업을 연구해왔습니다. 즉, 좋은 회사의 공통요소를 알고 있는 분입니다. 책에는 많은 '좋은 회사'와 그 이유가 소개되어 있었으며, 내용에 감명을 받은 저는 가마타 대표와 함께 사카모토 선생을 방문하여 가르침을 구하기로 했습니다. 실제로 운용을 개시하기 전에 공동연구라는 형식으로 저희 두 명은 세미나에 참가했습니다.

그리고 장애인 고용에 정통한 게이오 기주쿠慶應義塾 대학의 나카시마 다카노부中島隆信 교수를 소개받았고, 장애인을 고용하는 사장들의 모임에도 가봤습니다. 그곳에서 장애인을 자사 경쟁력의 원천으로 삼는 사장들을 만나며 눈을 뜨게 되었고 지식을 더욱 쌓아갔습니다.

이런 많은 전문가와 만나며 충실하게 작업하여, 저는 '좋은 회사'의 포인트를 경영자의 자질, 공공성, 사업내용의 알기 쉬움 등 40항목 정도로 정리했습니다. 이것을 좀더 정리한 것이 가마쿠라투신의 홈페이지에 게재된 14가지 '좋은 회사'의 특징입니다.

고(雇) 인재의 다양성

감(感) 감동 서비스

장(場) 현장주의

창(創) 시장창조

연(緣) 지역을 소중히

기(技) 기술력

관(貫) 온리원

지(志) 경영이념

W 글로벌니치

염(炎) 모티베이션

직(直) 제조 판매 일관 체제(製販一貫体制)

애(愛) 직원을 소중히

혁(革) 계속 변화할 수 있는 힘

순(循) 순환형 사회창조

이 14가지 특징은 **'사람' '공생' '장인정신'**이라는 3개의 선정 기준으로부터 나누어져 나왔습니다.

그러나 이것은 제가 죽더라도 '유이2101'이 계속될 수 있도록 '표준'으로 정리한 것일 뿐 이것으로 기업에 점수를 매기려는 것은 아닙니다. 등급 매기기나 지표로 투자처를 선택한다면 그 이후 어떤 세계가 기다리고 있을지는 이미 뼈저리게 알고 있기 때문입니다.

리먼 쇼크는 투자처 평가를 '신용등급'이라는 외부기관의 판단에 극단적으로 위임했던 것에서 발생했습니다. 그러므로 제삼자에게 과도하게 의존해서는 안 됩니다. 저희는 지표나 제삼자 기관의 판단이 아니라 스스로의 주관으로 선택하고 있습니다.

'특이점'에
좋은 회사가 있다

리츠칼튼 호텔의 전 일본지사장, 다카노 노보루高野登 씨로부터 오모테나시*와 호스피탈리티**에 대해서 공부한 적이 있습니다.

　그 때 "아라이 군, 그것은 해서는 안 되네" 라고 지적받은 것이 있습니다.

　당시 저는 '좋은 회사'를 정의하고 싶다고 생각하고 있었습니다. 그중에 호스피탈리티라는 눈에 보이지 않는 것을 경영의 기준으로 삼고 있는 다카노 씨에게 가르침을 얻으려 했습니다.

● 일반적인 서비스 정신을 한층 넘어서는 일본 특유의 고객을 친절히 모시는 행동양식.
●● Hospitality, 환대나 후하게 대접하는 것.

그러나 다카노 씨는,

"호스피탈리티라는 것을 표준화하면 그저 서비스가 되어버리고 만다."

라고 말했습니다.

조금 더 설명하겠습니다.

호스피탈리티는 '일기일회一期一会'*입니다. 한 사람의 고객과 만나 알게 되고 그 사람만을 위해 무언가를 하려고 생각하기 때문에 고객이 감동한다는 것. 즉 '일대일'의 관계로부터 생겨나는 것이어서 '표준화'하는 순간 고객에게는 당연한 '서비스'가 되고 맙니다. 가치가 한번에 없어져 버리는 것이지요.

회사도 마찬가지입니다. 회사는 백사백양百社百様으로 각자 역할이 있고 사업이나 방향성에 '다름'이 있습니다. 즉 '좋은 회사'를 정의하는 것은 의미가 없습니다.

무엇이 가장 좋은 경영인지는 알 수 없습니다. 저가격 전략의 가게도 있고 고급 노선도 있습니다. 경영자나 그 방침에는 개성이 있기 때문입니다.

그러므로 회사의 좋은 점을 보기 위해서는 한 회사 한 회사

• 일생에 한 번만 만나는 인연. 즉 후회가 남지 않도록 충분히 접대하라는 뜻으로 쓰인다.

를 '개별'로 보아야 합니다. 하지만 개별로는 계량화할 수 없으므로 결국 주관으로 보는 것이 좋습니다.

이때까지 저는 '일본은행은 어느 타이밍에 개입하는가' 등 모든 것을 수치와 계산식으로 나타내려고 했습니다. 많은 애널리스트와 펀드매니저도 같은 연구를 해왔습니다. 하지만 실제로는 그런 것은 알 수 없습니다. 현실에는 계산식에 포함할 수 없는 것이 존재하기 때문입니다.

회사도 마찬가지로 통계학에서 말하는 **'특이점(outlier)'이 의외로 좋은 회사**인 경우도 적지 않습니다.

예를 들어 하트유나이티드 그룹이라는 회사는 프리터였던 창업자들이 니트족이나 히키코모리와 같은 비슷한 처지의 젊은이들을 등록제로 고용하여, 발매 전에 제품 불량품을 검출해서 보고하는 '디버그 서비스' 등을 제공합니다. 니트족이나 히키코모리라는 사회문제에 착안하여 그들을 제대로 고용한다는 점. 무척이나 '좋은 회사'입니다.

'버그만 찾는 회사'도 '니트족을 고용하는 회사'도 아마 기업 경영의 표준에서 보면 '특이점'에 있는 회사일 것입니다.

그런데도 제가 이 회사에 끌렸던 것은 어려운 사회과제에 도전하고 있기 때문이 아닙니다. 디버그 작업은 무척 끈기가 필요한 일입니다만 프리터 중에는 IT에 강하고 평균을 넘어서는 집중력을 가진 이들이 있다고 합니다. 게다가 경영자들도 원래 프리터였기 때문에 직원의 기분이나 강점을 잘 이해합니다. 그들은 자신의 이기심을 위해서가 아니라 진심을 가지고 이 사업을 한다는 것을 알 수 있었습니다.

특이점에 '좋은 회사'가 있을 때, 객관적인 지표가 아니라 주관이 없다면 '좋은 회사'를 발견할 수 없습니다. 수식을 신봉해왔던 제가 이 점을 깨달은 것은 무척 큰 수확이었습니다.

단기적인 재무제표에
의지하지 않는다

신용등급과 더불어 제가 의지하지 않는 것에는 '단기적인 재무제표'가 있습니다. 고객으로부터 소중한 돈을 맡아 운용하는 인간이 투자처의 재무제표를 제대로 조사하지 않다니 라고 생각할지도 모르겠습니다. 물론 재무제표는 제대로 확인합니다. 그저 의지하지 않을 뿐입니다.

이것도 이유가 있습니다.

'유이2101'은 한번 투자하면 쉽게 전부를 매각하지 않습니다. 그러므로 투자처에는 시장 환경이 바뀌어도 사업을 계속할 수 있는 힘을 요구합니다.

기업은 환경이 어려워지면 가격경쟁에 뛰어들기 쉽습니다. 그리고 그 경쟁에 휘말리면 쉽게 빠져나올 수 없습니다. 그러나 이기심이 아니라 '진심'으로 경영한다면 기업은 형태를 바꿔서라도 지속하려고 합니다. 그러므로 회사를 볼 때는 경영자나 직원의 마음을 보는 것이 중요합니다.

그런 의미에서 하트유나이티드 그룹은 경영자에게 '디버그 서비스를 하려는 필연성'이 있고, 기술력과 기술력을 담보하는 직원도 갖추고 있습니다. 게다가 경영자는 '진심'을 가지고 사업하고 있으므로 이익은 뒤이어 따라오리라 믿을 수 있었습니다.

몇 번이나 이야기하지만 저는 투자처를 선택할 때 단기적인 재무제표의 숫자를 보지 않습니다. 경영자에게 '진심'이 있는지 없는지는 재무제표에는 나오지 않기 때문입니다.

지금부터는 신용등급도 단기적인 재무제표도 상대하지 않는 제가 회사를 어떻게 보고 좋은 회사를 찾아내는지, 즉 '투자할 회사를 찾는 방법'에 대해서 설명하겠습니다. 앞서 밝힌 14개의 특징이 좋은 회사란 무엇인가에 대해 가능한 알기 쉽게 전달하고자 했던 것이라면, 이제부터 말할 '찾는 방법'은 저의 주관이 들어간 개인적인 방식입니다.

좋은 회사를 찾는 법①

기업의 '본래 모습'을 본다

저는 지금 투자하고 싶은 '좋은 회사'를 주관적으로 선정하고 있습니다. 업적이나 지표가 아니라 각 기업 '개별'의 좋은 점을 찾는 것이 일입니다. '유이2101'의 운용을 시작한 지 5년, 좋은 회사를 찾기 위해 회사를 보는 방법에 대한 연구에 몰두하였습니다. 몇 가지를 소개하겠습니다.

신용등급을 믿지 않는 만큼 저는 기업의 '본래 모습'을 보고 판단합니다. 기업이나 경영자는 회사를 잘 보이게 하려고 '꾸미기' 쉽기 때문에 일부러 경계심이 없는 상황을 찾아갑니다.

앞서 나온 이케우치오가닉이 좋은 예입니다. '수건 접기 교실'이라는 초등학생을 대상으로 한 워크숍에 먼저 참가합니다. 거기에서 경영자의 사람 됨됨이를 봅니다. 수건의 역사를 이야기하는 이케우치 사장이나 보조하는 직원들의 모습으로부터 회사의 분위기를 읽어냅니다. 작은 회사일수록 사풍이나 근무하는 사람들의 자세 등 눈에 보이지 않는 것들을 중요하게 봐야 합니다.

명함 교환을 하는 것은 그런 자세를 보고 난 후의 일입니다. 초등학생 중에 한 명 섞여 있는 아저씨(저자인 저입니다)를 수

상쩍게 생각하고 있던 이케우치 사장은 '가마쿠라투신'이라고 적힌 명함을 보고 "그런 거였군요"라고 말했습니다.

경영자에게도 직접 이야기를 듣습니다. 사장의 정책이나 비전이 '진짜'인지 아닌지, 진심의 정도를 확인하는 것입니다. 이케우치오가닉은 '환경'을 테마로 내걸었기 때문에 그것이 어디까지 진심인지를 확인했습니다.

그것을 판단한 근거는 사장이 1년 동안 페트병 생수를 5병 정도밖에 마시지 않는다는 것(국제선 비행기에서 이코노미 클래스 증후군을 방지하기 위해 마시는 물)이나 도요타 프리우스 초기 모델을 구입한 이후 계속 타고 있다는 것 등입니다. 이런 이야기를 바탕으로, 그들이 만드는 수건은 이케우치 사장이 살아가는 방식을 상품화한 것임을 실감했고 그것은 신뢰로 변했습니다.

그리고 화기애애한 분위기의 직원들도 이 특이한 아저씨(이쪽은 이케우치 사장입니다!)에 공감하고 모여든 것이라는 것을 알고 투자하기로 결정했습니다.

이외에도 제6장에서 소개할 일본환경설계라는 재활용 벤처기업에는 일부러 사장이 부재중일 시간을 골라 방문한 적도 있습니다. 이것도 기업의 진짜 모습을 보기 위한 행동입니다.

일하는 사람들이 회사를 어떻게 생각하는지를 듣기 위해서는
굉장히 유효한 방법입니다.

좋은 회사를 찾는 법②
다양성의 관리 – '다름'을 허용할 수 있는가

신입 채용 시기에는 사람들이 대기업으로 많이 몰립니다. 만
명 단위의 응모가 있는 회사도 있겠지요. 그중에서 합리적으
로 사람을 고르려면 미리 질문 등을 정하고 일정 기준을 충족
시키는 사람을 통과시키는 방식이 될 수밖에 없습니다.

하지만 이것만으로는 효율적으로 사람을 뽑을 수는 있어도
인재의 다양성은 배제되고 맙니다. 기준에서 벗어난 사람을
뽑은 면접관은 질책을 당할지도 모릅니다.

저는 조직을 볼 때 다양성을 관리할 수 있는 조직인지에 주
목합니다. 바꾸어 말하면 인재는 곧 다양성이라는 생각을 그
회사가 가졌는가 입니다.

고도성장기에는 계속 확대되었으므로 균질한 인재여도 많
은 수가 입사해서 괜찮았습니다. 하지만 물건이나 서비스가
포화된 현대에는 '이질적인 것'이 요구되고 있습니다. 인재가

균질하다면 이길 수 없습니다.

조직에 필요한 것은 다양성을 관리할 수 있는 힘입니다. 한명 한 명마다 어떤 개성이 있는지 잘 보고 그 개성을 회사에서 어떻게 살릴 가를 상상하는 힘. 그것의 가장 두드러진 형태가 장애인 고용입니다.

'에후피코ㅍㅜㅂㅋ'라는 히로시마 현에 본거지를 둔 식품 트레이 용기 제조회사는 장애인 고용률이 무려 16%(『CSR 기업총람』동양경제신문사, 2014년)에 이르며, 그룹 전체로는 400명에 가까운 지적장애인들을 고용하고 있습니다.

그 회사는 트레이를 제조 판매하는 것과 동시에 회수한 트레이를 재활용해서 '에코트레이'로 다시 판매하고 있으며 여러 공정에서 장애인들이 '핵심 인력'이라고 합니다. 실제로 공장을 견학했을 때도 어떤 사람이 비장애인이고 어떤 사람이 장애인인지를 전혀 알 수 없었습니다.

에후피코는 장애를 가진 사람이 어떤 활약을 할 수 있는지 상상하여 그것을 비즈니스 가치의 원천으로 변화시킬 수 있는 회사입니다.

지성, 신체, 정신력······사람에게는 서로 '다름'이 있습니다.

어쩌면 배속받은 부서가 맞지 않을 수도 있습니다. 하지만 그
때 '이 사람은 쓸모없다'고 생각하는지, 아니면 '어떤 곳이라면
활약할 수 있을까'를 생각하는지. 후자처럼 하지 않는다면 앞
으로 그 회사는 성장하기 어려우리라 생각합니다.

좋은 회사를 찾는 법③
기술보다도 '아웃풋'을 평가한다

비즈니스에서 중요한 것은 실은 '기술력'이 아니라 '아웃풋을
내는 힘'입니다. 아무리 훌륭한 기술이 있어도 그것이 제품화
되지 않는다면 의미가 없습니다. 신상품을 몇 개 만들었는가,
생산현장을 얼마나 혁신, 개선했는가 하는 '아웃풋'이 필요합
니다.

　그러므로 저는 기술력을 평가하지 않습니다. 많은 것을 만
들 수 있는지, 기업이 가진 아웃풋의 힘을 봅니다. 이것은 '예
측하지 않는다'는 저의 자세와도 연결됩니다.

　회사를 방문하면 종종 '높은 기술력'이나 '수요가 있으니 팔
릴 것으로 생각합니다'와 같은 이야기를 듣습니다. 하지만 저
는 기술 전문가도 아니고 시장 수요에 대해서 그 회사 직원만

큼 잘 알지도 못합니다. 그러므로 저는 여기서도 "잘 모르겠습니다"라고 말할 수밖에 없습니다.

대신 "연간 몇 개의 신제품을 만들 수 있습니까?" "개발자는 몇 명 정도 있습니까?" 와 같은 것을 묻습니다. 즉, 많은 것을 만들다 보면 무언가는 걸리겠지 하는 생각입니다. 예측을 버린 저로서는 꽤 신뢰성 있는 정보라고 할 수 있습니다.

많이 만들어낼 수 있는 힘은 다시 말해 아웃풋의 힘입니다.

제일 전형적인 예는 미라이공업입니다. 어찌 보면 핵심기술도 없고 만드는 제품도 스위치 박스로 그다지 큰 이익을 내는 상품도 아닙니다.

하지만 그들은 아웃풋의 힘으로 승부를 내고 있습니다. 그것도 보통 수준의 힘이 아닙니다. 두드러지는 점은, 의장등록 건수가 계속해서 일본 상위 20위 안에 들고 있다는 것입니다. 700명 정도에 불과한 중소기업이 소니와 거의 비슷한 아웃풋의 힘을 보유하고 있는 것입니다.

이것으로 미라이공업이 달리 보이지 않습니까?

앞서 소개했던 하트유나이티드 그룹 또한 예사롭지 않은 아웃풋의 힘을 가진 회사입니다.

버그를 제거하는 것은 그렇게 대단한 기술은 아닙니다만 그

140

들의 대단한 점은 역시 '숫자'입니다. 압도적인 양의 '산출'이 가능합니다. 그들은 '오타쿠'라고 불리는 사람들의 노하우를 모아서 수십만 건의 버그 패턴을 데이터베이스화하고 있습니다. 이것이 바로 제가 투자를 결정한 주된 이유입니다.

그럼 여기서 한 가지 질문입니다.

계속해서 신상품을 개발하는 회사와 기술력은 있지만 아웃 풋의 힘이 낮은 회사가 있다고 합시다. 전자는 개발과정에서 많은 해프닝은 겪지만 새로운 아이디어가 생겨나며 계속해서 신상품을 만들어냅니다. 대체 어째서 이런 차이가 발생하는 것일까요?

이런 아웃풋을 내는 힘을 만드는 것은 바로 '직원'입니다. 저는 반드시 경영자에게 인재육성에 대한 생각을 묻곤 합니다.

에이피컴퍼니apcompany라는 회사를 알고 계십니까? 일본 전국 177개 점포(2015년 2월 현재)에서 다양한 형태의 이자카야를 운용하는 곳으로 실은 취업 시장에서 유명한 곳입니다. 이 회사가 운영하는 이자카야에서 아르바이트했던 사람들은 안심하고 채용할 수 있다는 이야기를 들을 정도로 인재육성에 철저합니다.

기업의 인사팀이 탄성을 내지를 만한 인재를 육성하려면

'끈기'가 필요합니다. 그것도 금방 교체되는 아르바이트가 대상이라면 상당한 끈기가 있어야 합니다. 저는 인재육성을 담당하는 오오쿠보 노부타카大久保伸隆 상무(현재는 부사장)를 만난 지 5분 만에 '대단해!'란 생각이 들었습니다.

한천 식품을 만드는 이나식품공업도 마찬가지입니다. 어떤 직원이 부모의 간호를 위해 퇴직하고 고향에서 가까운 곳에 있는 회사로 재취직하려 하자 '이나식품에 있던 분이라면 안심'이라며 금방 채용됐다고 합니다.

많은 펀드매니저는 기업의 강점을 상품의 인지도나 특허수 등으로 측정합니다. 하지만 회사가 무언가 아웃풋을 내려고 할 때 원동력이 되는 것은 사람입니다. 상품이나 특허를 만들어내는 것도 물론 사람입니다. 저는 '이 회사는 괜찮다'고 확신할 수 있는 재료는 '아웃풋을 내는 힘', 즉 '사람'이라고 생각합니다.

앞서의 리츠칼튼도 마찬가지입니다. 호스피탈리티는 계산해서 만들 수 있는 것이 아니기 때문에 다카노 씨는 '호스피탈리티를 낼 수 있는 인재'를 육성했다고 생각합니다.

이 아웃풋에 대한 힘을 확인하는 것은 결국 경영자를 직접 찾아가 이야기를 듣는 방법밖에 없습니다. 결산보고서에는 쓰여 있지 않고, '직원을 소중히 하는 것은 당연한 일'이라고 생각하는 경영자는 그런 것을 굳이 언급하지도 않습니다.

각 기업을 인터뷰하는 것은 귀찮은 작업입니다만 직접 입수한 정보는 설득력을 가지고 주위에 이야기할 수 있습니다. 자신의 말로 기업을 소개할 수 있다는 강점도 있어서 이제는 매일 기업을 방문하고 있습니다.

좋은 회사를 찾는 법④
'특허'를 믿지 않는다

일본에는 제조업이 많습니다. 제조업 특성상 '특허'를 신청하기 쉽기 때문인지 자사의 강점으로 '특허의 개수'를 내세우는 기업도 있습니다. 하지만 저는 그것을 믿지 않습니다. 물론 특허를 만들 정도의 노력은 굉장하다고 생각합니다만 특허 그 자체가 '강점'이 된다고는 생각하지 않습니다.

저는 특허를 어떻게 사용하는지를 중시합니다. 예를 들어 특허를 취득하자마자 상품개발력이 떨어지는 회사도 있습니다. 바보 같다고 생각할 정도로 눈에 띄게 상품개발력이 약해집니다. 특허를 취득한 기술은 한동안 모방되지 않기 때문에

요령을 피우는 것입니다. 저는 이것을 '**특허 의존증**'이라 부릅니다.

한편 도요타는 연료전지 자동차의 특허내용을 공개했습니다. 본래 특허는 기술력을 '지키기' 위한 것이지만 도요타는 그것을 공개했습니다. 자신들의 기술을 보급해서 업계를 활성화한 후에 자신들이 한 발 더 앞서 나가려는 것입니다. 도요타의 행동에는 '공격'의 자세도 있지만 업계를 생각하는 마음도 보입니다.

특허를 취득하는 것이 나쁜 것이 아니라 특허를 어떻게 사용하는가가 문제입니다. '한동안은 편할 수 있겠다'고 생각한 순간 안주하려는 직원이 모여듭니다. 그러면 회사는 점점 약체화됩니다. 그러므로 특허를 일률적으로 '강점'이라고는 말하기 어렵습니다.

좋은 회사를 찾는 법⑤
'틈새'를 선택한다 – 시장을 창조하는 힘이 있는가

'유이2101'의 투자처에는 큰 시장에서 활약하는 플레이어보다 틈새시장에서 활약하는 기업이 많습니다. 일반적으로 틈새시장은 경쟁이 적고 노력하면 유일한 플레이어가 될 수 있다고들 합니다.

하지만 '유이2101'이 틈새 기업에 투자하는 이유는 다른 곳에 있습니다.

틈새시장을 정복한 기업은 그 시장을 노린 것이 아니라 자신들이 스스로 그 시장을 만들어 낸 경우가 많습니다. 즉 그들에게는 스스로 시장을 창조하는 힘이 있습니다. 시장이 다시 포화상태가 되어도 새로운 시장을 만들 수 있는 것입니다. 투자하는 입장에서도 이 정도로 안심되는 재료는 없습니다.

틈새시장이라고 하면 어렵게 느끼는 분도 있을지 모르겠습니다만, 예를 들어 지역 특산품이라도 제대로 그 강점을 살리면 틈새시장 창조가 가능합니다.

고치 현에는 '닛폰고도지공업ニッポン高度紙工業'이라는 제지 회사가 있습니다. 일본 전통 종이의 한 종류인 '토사와지土佐和紙' 제조 기술을 가지고 있는데, 단단하고 튼튼한 토사와지가 음극과 양극을 분리할 수 있다는 점에 착안하여 콘덴서용 분리기를 상품화해 높은 점유율을 자랑하고 있습니다. 게다가 현재 연구 중입니다만 연료전지 부품에까지 영역을 넓히고 있습니다. 스스로 시장을 창조하여 글로벌 틈새시장에서 최정상을 달리고 있는 것입니다.

토사와지를 비즈니스의 핵심으로 삼는 이상 상품의 생산지는 한정됩니다. 따라서 어떤 상황이 벌어지더라도 그 지역(이 회사의 경우는 고치 현)으로부터 멀어질 수 없습니다. **'도망가지 않는다(도망갈 수 없다)'는 점이 새로운 성장전략을 탄생시킨 것입니다.**

조그만 장소에서 살아남는 힘에 제가 매혹되었는지도 모르겠습니다만, 이런 기업이야말로 지역 발전을 담당하리라 생각합니다.

좋은 회사를 찾는 법⑥
'현장력'이 있는가

'유이2101'의 투자처에는 작은 벤처기업이 많습니다. 그중 이례적인 기업 규모를 자랑하는 것이 야마토ヤマト 홀딩스입니다. 택배회사인 구로네코 야마토를 운용하는 곳으로 직원 수가 약 20만 명에 이릅니다.

이 정도로 큰 회사 중에 마음속으로 '좋은 회사'라고 생각할 만한 회사는 사실 적습니다. 그것은 **조직이 커질수록 이념이 침투하기 어려워지기 때문**입니다.

하지만 야마토는 다릅니다. '지역을 위해서'를 구호로 삼고 현장의 직원 한 명 한 명이 지역에 밀착하고 있습니다. 이른바 '현장력'을 느낄 수 있습니다.

한 가지 예를 들어봅시다. 새해맞이로 분주한 연말연시, 현장 직원들은 쉴 수가 없습니다. 그곳에 모습을 드러낸 이들은 '휴가'로 쉬고 있어야 할 본사 스태프들입니다. 현장을 돕기 위해 영업소 근무를 자청한 것입니다. 마지못해 가는 게 아니라 자발적으로 영업소를 정해서 발걸음을 옮깁니다.

본사 스태프들도 현장출신이 많기 때문에 지원에도 익숙합니다. 그들의 현장주의는 철저해서 예를 들어 방송취재 등도 '현장 부담이 늘어나므로' 성수기 때는 거절합니다.

야마토 강점의 원천은 '현장력'입니다만 좀더 파고들면 본사의 존재방식일지도 모르겠습니다. 저희의 선정기준에는 '슬림한 본사기능'이라는 것도 있는데, 야마토가 바로 그것을 실현하고 있습니다.

야마토에게 본사는 어디까지나 '현장을 지원하는 곳'입니다. 세간에는 본사라고 목에 힘을 주는 회사도 있습니다만 야마토의 본사는 굉장히 작습니다. 해외 기업이 방문했을 때 '본사가 어디냐'고 물을 정도로 기능만이 아니라 물리적으로도 작습니다. 도쿄 긴자의 본사는 '별관'으로 착각할 정도입니다.

본사는 점심시간에 어두컴컴해집니다. 절전을 위해 전기를 끄기 때문입니다. 보이는 것은 컴퓨터의 불빛뿐. 본사에 돈을 쓸 필요는 없다고 생각합니다.

한편 현장은 활력으로 넘칩니다. 그들은 지진재해 때, 현장의 판단으로 배달을 계속했습니다. 차량이 들어갈 수 없는 장소에는 도중에 차에서 내려 걸어서 물건을 배송하기도 했다고 합니다. '본사 지시가 있을 때까지 대기'하지 않았던 것은 이념의 침투, 현장의 실행력과 함께, 현장을 최전선으로 생각하는 '지원기능'에 철저한 본사의 존재 방식 때문이기도 합니다.

또 높이 평가할만한 것은 문제가 발생했을 때도 현장주의를 지킨다는 것입니다.

20만 명이나 있으면 현장에서는 세세한 문제가 발생합니다만 그렇다고 해서 본사가 관리강화에 치우치지 않습니다. 문제가 발생할 때마다 규칙을 만들어 관리형 조직으로 변화한 회사도 있습니다만 그렇게 되면 재해와 같은 참사로 정신이 없을 때 현장은 한 발짝도 움직일 수 없게 됩니다.

'유이2101'의 투자처는 모두 현장을 신뢰하는 기업들입니다만, 만약 규모가 확대된다 하더라도 야마토처럼 '현장력'을 계속 유지할 수 있으면 좋겠다고 생각합니다.

좋은 회사를 찾는 법⑦

'대량생산, 대량소비'를 추구하지 않는다

많은 회사가 '대량생산, 대량소비는 끝났다'고 말합니다. 이것
은 경제계에 잘 알려진 사실입니다만 어째서인지 이 흐름에
역행하는 회사도 많이 보입니다.

그 좋은 예가 해외진출입니다. '일본경제는 더이상 성장하
지 않으니 해외로 나가자'고 생각하는 것입니다. 과거의 일본
에서 있었던 대량생산, 대량소비가 이제 한번 더 생겨날 것이
라고 믿는 것입니다. 하지만 그런 동일한 발상이 통하는 나라
는 해외에도 그렇게 많지 않을 것입니다.

필요한 것을 필요한 만큼만. 이런 사고방식이 현대에 살아
남는 상품이나 서비스를 만든다고 생각합니다. 그렇다고 해서
인재나 설비 면에서 큰 모체를 지닌 대기업을 부정하는 것은
아닙니다.

예를 들어 '유이2101'의 투자처인 가고메는 토마토 주스를
생산합니다. 일본 전국에 출하하므로 그런 의미에서는 '대량
생산'입니다.

하지만 가고메가 뿌리를 두고 있는 것은 효율화가 통하기
어렵지만 앞으로 더 늘리지 않으면 안 되는 농업이라는 분야

로, 그 비즈니스의 핵심은 토마토 품종 등의 식품 관련 기술과 노하우입니다. 필요한 것을 자사의 자원을 사용해 필요한 만큼 산출하는 것. 그로 인해 일본의 먹거리와 건강에 공헌하는 것. 가고메에는 이런 마음가짐이 있습니다.

앞에서 저는 '다양성을 받아들일 수 있는 조직인지 아닌지'를 중시한다고 말했습니다. 아마도 다양성이 없는 조직은 아직도 대량생산, 대량소비를 전제로 하고 있을 것입니다. 그 시대는 이미 끝났습니다.

좋은 회사를 찾는 법⑧
100년 후의 아이들에게 남기고 싶은가

저희는 회사를 응원할 때, 그 회사의 '성장'을 바랍니다. 그 회사의 상품이나 서비스를 더욱 많은 이들이 사용했으면 좋겠다고 생각합니다.

투자처를 선택할 때도 상품이나 서비스의 품질은 물론이거니와 '더 많은 사람이 사용했으면 좋겠다고 생각하는가'라는 관점에서 봅니다. 기업이 목표 시장점유율이나 판매량을 발표하면 '회사가 어느 정도 팔려고 하는가'를 보는 것이 아니라

'더욱 성장했으면 좋겠다고 생각하는가' '이 회사가 만드는 제품이 세상에 더욱 퍼졌으면 좋겠다고 생각하는가'로 투자여부를 판단합니다.

시선은 '아이'에게 둡니다. '유이2101'이라는 이름처럼 다음 세기까지 이어지기를 소망하듯이 100년 후 아이들에게 이 회사의 상품을 남기고 싶다고 생각하는가, 그 상품을 만드는 회사는 미래의 아이들이 근무했으면 좋겠다고 생각하는가. 그것이 중요합니다.

사회과제를 해결하는 회사라고 하면 왠지 과거 지향적인 이미지를 가지는 경향이 있지만 그렇지도 않습니다.

'이런 상품이나 회사가 늘어나면 모두가 행복해질 텐데'라고 생각할 수 있는지가 중요합니다. 결국, 투자의 열쇠는 회사나 상품에 대한 공감이라고 생각합니다.

가마쿠라투신이 만드는
'신뢰의 고리'가 새로운 평가등급으로

금융의 기능 중 한 가지로 '신용창조'라 불리는 것이 있습니다. 예를 들어 무언가를 담보로 돈을 빌려 무언가를 구입하고 그것을 바탕으로 다시 돈을 빌리면 점점 돈이 불어납니다. 그 정점에 있는 것이 '버블'입니다. 신용은 제삼자 기관이 매긴 신용등급을 기반으로 창조되어 왔습니다.

하지만 저는 리먼 쇼크로 인해 금융에는 '신뢰관계'가 필요하다는 것을 알게 되었습니다. 상대를 신뢰할 수 있는지에 대한 판단에는 '제삼자'의 평가 대신 직접 관계를 맺어 판단하는 신뢰의 고리, 즉 **'친구의 고리'**가 필요했던 것입니다.

물론 이제까지의 금융에도 평가란 것은 있습니다. 은행을 예로 들면, 한때는 많은 은행원이 융자 대상을 직접 방문하여 회사나 경영자를 조사한 후 융자했습니다. 하지만 이렇게는, 예를 들어 방문처가 멀어 간단히 만날 수 없거나 만나는데 시간이 소요되면 레버리지 효과가 나질 않습니다. 레버리지란 무언가를 '가속'시키기 위한 것으로, 급성장을 촉진하기 위해서는 일일이 방문하는 것은 비효율적입니다.

이제는 은행의 '평가'도 통하지 않습니다. 예를 들어 국제기관인 '바젤 은행 감독위원회'의 기준으로는, 담보를 설정하지 않은 융자는 불량채권(혹은 도산의 위험이 높은)으로 여겨질 수 있습니다. 즉 은행의 평가를 신용하지 않는 것입니다. 금융업계는 위험을 낮추기 위해 '바젤'이라는 기준을 도입했을지 모르겠지만 결과적으로 은행의 능력은 깎여 나갔습니다. 그리고 신용등급 등 제삼자 기관에 극단적으로 의존하는 체질로 바뀌어 버렸습니다.

하지만 리먼 쇼크로 신용등급에 극단적으로 의존해서는 안 된다는 것을 배웠습니다. 그러므로 그 대신 저희는 '직접적인 관계'를 중시합니다. 레버리지의 근원은 '친구의 고리'입니다. 자신의 눈으로 확인하여 신뢰하는 사람을 다시 신뢰하고, 신뢰하는 사람의 신뢰하는 사람을 신뢰하고, 투자처의 거래처를 신뢰하는 것. 이 신뢰의 고리로 상품을 유지하려고 합니다.

제삼자의 평가를 바탕으로 레버리지를 거는 것이 아니라 자신의 눈으로 본 신뢰를 바탕으로 레버리지를 거는 것. 눈에 보이지 않는 것으로 '신용을 창조'하는 것이 아니라 눈에 보이는 것으로 '신뢰를 창조'하는 금융으로 바꾼 것입니다.

실체가 없는 것에 레버리지를 걸었던 결과 금융버블은 붕괴하고 말았습니다. 그러나 신뢰는 붕괴하지 않습니다. 무너질 가능성은 있을지도 모르겠지만 한 걸음 한 걸음 쌓아 나가는 노력도 가능합니다. 실체가 있기 때문입니다.

신뢰를 바탕으로 하면 새로운 평가등급을 만들 수 있습니다.

현재의 평가등급에서는 기업의 등급이 국채의 등급을 넘어서는 경우가 없습니다. 예를 들어 일본의 신용등급이 하락하면 도요타를 필두로 모든 일본기업의 신용등급이 내려갑니다. 하지만 가마쿠라투신이 평가하고 많은 투자자가 '신뢰'한다면 좋은 회사의 신용은 내려가지 않으리라 생각합니다. 그리고 그것이 좋은 회사에 대한 '진정한 지지'라고 생각합니다.

어느 투자처는 대형은행으로부터

"가마쿠라투신(의 펀드)으로부터 (투자가)들어와 있네요. 잘 됐네요."

라는 말을 들었다고 합니다. '유이2101'이 투자하는 회사는 신용할 수 있는 회사라는 지위가 생겨나고 있습니다. 가마쿠라투신의 평가는 일종의 '감정적'인 것이지만 금융의 세계에서 '새로운 표준'이 될 가능성도 있습니다.

저는 앞으로 '좋은 회사'에게 국채보다 낮은 금리로 돈을 공급하고 싶습니다. 그것은 결국 안정적이라는 일본의 국채보다도 높은 등급에 있다는 것을 전달해 줄 '새로운 평가등급'이 될 수 있을 것입니다.

기업가치는 과거의 성공이 아니라

제6장

'영리한 구조'를 가졌는지로 판단한다

– '비즈니스'를 재정의하다

좋은 회사란

'본업의 확대해석'이 가능한 회사

나가노 현에 '이나식품공업'이라는 회사가 있습니다. 한천 식품을 제조 판매하는 회사입니다.

그 회사는 지역에 공헌하는 것이 '본업'이라고 말합니다. 지역 주민들이 근무하고 있기 때문입니다. 정년퇴직 후에도 계속해서 일할 수 있는 곳을 만들거나 지역에 걸맞은 기부를 하기도 합니다.

그리고 그 회사는 매일 철저히 회사를 청소합니다. 청소와 실적의 관계는 논리적으로는 설명할 수 없습니다. 하지만 그들은 언제나 실적이 좋습니다.

'좋은 회사는 본업을 확대해석할 수 있다.'

이전부터 일본에는 '산포요시三方よし'라는 개념이 있었습니다. 고객도 좋고 사회도 좋고 기업도 좋다는 뜻입니다. 3자가 좋은 관계이면 경영도 잘 된다는 사고방식입니다.

주목할 것은 '3자'에 고객과 기업뿐만 아니라 '사회'도 들어간다는 것입니다. 원래 일본경영에는 '사업을 통해 사회에 공헌한다'는 정신이 담겨 있었습니다만 여러 가지 경영기법을 받아들이는 중에 방향성이 어긋나고 말았습니다. '산포요시'가 현대의 형태로 재현된 것이 이나식품공업이고 소셜 비즈니스가 아닐까 생각합니다.

본업을 '좁게' 보는 회사도 있습니다. 효율을 좇기 때문입니다. 최소의 노력으로 최대의 이윤을 얻기 위해서는 본업을 '여기부터 여기까지'로 좁게 정의하는 것이 편리합니다.

'우리 회사는 제조회사입니다. 제조효율을 높이기 위해 심야에도 공장을 가동하지요. 주변의 주민들에게는 다소 민폐를 끼칠지 모르겠지만 주민을 돌보는 일은 민간 기업의 역할이 아닙니다.'

극단적으로 논하면 이런 생각에 빠지기 쉽습니다만 이렇게 되면 아무도 상대해주지 않게 될 것입니다.

본업을 넓게 정의하면 응원받는 회사가 됩니다. 지역에 감사하고 주민에게 감사하고 사회와 자연에 공헌하는 것. 평화로운 나라에도 감사하는 것. 그런 회사에 사람들은 공감합니다.

좋은 회사에는
CSR 부문이 없다?

"본업이 아니어도 CSR 활동을 하고 있으면 충분한 것 아닌가"라는 이야기를 듣기도 합니다. 하지만 저는 본업으로 지역에 공헌하는가를 따져 봅니다.

제조회사인 '쓰무라ツムラ'를 예로 들겠습니다. '유이2101'의 투자처 중 한 곳입니다.

쓰무라는 2009년 유바리 시에 '유바리 쓰무라'라는 자회사를 만들었습니다. 쓰무라가 직접 진출하는 방법도 있었겠지만, 유바리 시가 파산했을 때 '자신들이 할 수 있는 일로 뭐가 있을까' 생각했다고 합니다.

유바리 쓰무라는 자사가 경영하는 농장에서, 재배 효율화를 연구하고 종묘를 생산할 뿐만 아니라 홋카이도 전역에서 생산하는 생약을 1차 가공하며 생약을 보관하고 있습니다.

유바리 시에 별도의 법인을 만들면 그 지역에 세금을 납부

하게 됩니다. 즉, **본업을 착실히 계속하는 것만으로 지역에 공
헌할 수 있는 구조**입니다. 게다가 쓰무라의 임원이나 직원은
매년 유바리 시에 '고향납세'*를 합니다.

'유이2101'이 투자하는 '좋은 회사' 중에는 CSR 부문이 없는
회사도 있습니다. 본업으로 사회에 공헌하기 때문입니다. 반
면 본업에 사회공헌 요소가 별로 없는 회사일수록 CSR 부문
을 본업과 '별도로' 만들고 마는 것은 아닐까요?

기업이 곧잘 하는 '지역에서 쓰레기 줍기' '봉사활동' 등의
CSR 활동은 본업과 직접적인 관계가 없으므로 비용이 듭니
다. 그 결과 본업이 부진할 때는 지속하기 어려워집니다.

기업은 고잉 컨선^{going concern}(기업경영이란 미래에 걸쳐 무기
한으로 사업을 계속하는 것을 전제로 해야 한다는 사고방식)이어
야만 합니다. 그러므로 저는 본업을 통해 사회공헌을 지속적
으로 하는지 여부를 따집니다.

• 자신이 거주하지 않아도 원하는 지역에 발전기금을 내고 일정 금액을 넘어서는 경우 일부
세액을 공제받는 제도.

CSR에서 CSV로

– 가마쿠라투신이 지향하는 것

이러한 가마쿠라투신의 자세를 보여주는 것이 최근 논의가 활발한 "CSV(Creating Shared Value: 공통가치의 창조)"입니다.

이 책에서도 몇 번이나 말했던 '기업이 사업활동을 통해서 경제성(이익의 창출)과 사회성(사회과제의 해결)을 양립시키는 것', 이것을 CSV라고 칭합니다.

기업이 CSV의 자세를 가졌는지 여부는 모든 스테이크 홀더*의 공통가치를 보여줄 수 있는가로 판단합니다.

예를 들어 직원의 급여를 '비용'으로 생각한다면 회사는 인건비가 적은 편이 좋겠지요. 하지만 직원의 급여를 '수익의 분배'로 생각한다면 수익을 낸 결과로서의 재분배이므로, 늘리는 편이 좋다고 생각할 수 있습니다.

모든 이해관계자와 이익이 상반되지 않는 관계를 만들어 나가는 것. 이것은 환경문제, 지역사회와의 관계에서도 마찬가지입니다. 착취하면 언젠가는 고갈되지만 육성하면 굉장히 풍

---

* stakeholder, 기업의 이해관계자(주주, 채권자, 거래처, 고객 등). 원뜻은 '내깃돈을 보관하는 사람'.

요로워집니다.

운용회사인 가마쿠라투신이 어떻게 CSV를 받아들이고 있는지 벤처캐피털과 비교해서 설명하겠습니다.

약간 어려운 이야기이지만, 벤처캐피털은 종종 전환사채에 투자합니다. 전환사채란 주식으로 전환할 수 있는 권리가 부여된 사채입니다. 사채의 금리로 이익을 얻으면서 상장한 후에는 전환한 주식으로 상장이익을 얻습니다. 즉 그들은 경제성을 가장 우선시합니다.

한편, 저희는 금전적인 수익은 최소한의 목표만 달성하면 된다고 생각합니다. 물론 0이 되면 손해를 보므로 수익자에게는 연 5%의 수익목표를 강조합니다. 반대로 말하면 5% 아래로 내려가지만 않으면 괜찮은 것입니다.

오히려 중요하게 생각하는 것은 투자처가 '사회성'을 가졌는가 입니다. 수익 중의 하나이기도 한 '사회의 형성'을 얻기 위해 기업이 사회에 공헌하고 그로 인해 사회가 풍요로워지는 것이 중요합니다.

정부나 지자체에는 여유가 없는 만큼 사회를 만드는 한 축을 기업이 맡을 수밖에 없습니다. 그러므로 가마쿠라투신은 사회 만들기의 한 축을 담당하는 '진짜 회사'를 발굴하여 '유이

2101'을 통해서 투자하고 수익자에게는 (1%의 신탁보수를 뺀) 4%의 이익을 돌려줍니다. 사회성을 실현하기 위해 경제성을 희생시키는 배타적(trade off) 관계가 아니라 사회성과 경제성이 양립하는 'CSV'의 구조를 만드는 것이 목표입니다.

그럼 CSR과 CSV는 어떻게 다를까요. CSR은 기업의 '사회적 책임'이라는 뜻입니다. '사회성을 지니지 않은' 회사일수록 사회공헌을 요구받았을 때 가장 먼저 하는 것이 'CSR 활동'입니다.

그 한 예가 앞서 얘기한 지역의 쓰레기 줍기나 봉사활동과 같은 사회활동들입니다. 쓰레기 줍기에도 인건비나 소모품의 비용이 들고 자원봉사를 할 때도 교통비가 듭니다. 즉, 경제성과 사회성이 반대의 방향을 향하고 있습니다.

하지만 '유이2101'이 투자하는 '좋은 회사'는 사업 그 자체가 사회를 위한 것입니다. 그 기업들을 통해서 저희는 사회성과 경제성도 양립할 수 있다는 것을 증명하고 싶습니다. 벤처 캐피털처럼 경제성만 추구하는 것도 아니고 CSR처럼 경제성을 희생시키는 것도 아닙니다. 사회적 과제의 해결과 기업의 성장을 동시에 실현하는 것이 저희가 추구하는 바입니다.

좋은 비즈니스는
'영리한 비즈니스 모델'로부터 나온다

기후 현의 미라이공업 사훈은 '항상 생각한다'입니다. 그것을 실현하는 독특한 제도로, 아이디어를 회사에 제안하면 최소 500엔을 받는 것이 있습니다. 어떤 아이디어라도 500엔은 받을 수 있습니다.

그러므로 직원들은 이것저것 생각합니다. 그 과정에서 고객에게 도움이 되는 신상품이나 생산성을 높이는 방법 등이 떠오르기도 합니다. 적어도 아이디어를 생각하다 보면 마음가짐이 과거 지향적이 되는 일은 없습니다.

직원들이 항상 생각하고 미래 지향적인 마음가짐을 가진다면 생산성은 높아지고 시간외근무는 줄어듭니다. 시간외근무가 줄면 직원들은 행복해지고 인건비도 줄어듭니다. '500엔 제도'는 돈이 드는 방식으로 보일 수도 있지만 회사와 직원이 상생하는 제도입니다. 이 제도를 생각해 낸 경영자는 굉장히 영리하지요.

참고로 500엔인 것에는 이유가 있습니다. 이 금액은 '점심을 먹을 수 있다'는 것을 전제로 설정되었습니다. 월급받기 직전 용돈이 떨어지면 직원들은 "그래, 아이디어라도 내서 점심

값이나 벌어보자"라고 생각합니다. 직원의 입장에 서서, 자연스럽게 하고 싶다는 마음이 들도록 하는 이 방식은 너무나 영리해서 멋져 보이기까지 합니다.

이렇듯 **좋은 회사에는 '영리한 비즈니스 모델'이 있습니다.** 어떻게 하면 사업이 잘될까를 고민해서 많은 경영자가 '영리한' 방법을 생각해 냅니다.

그들은 '누구나 할 수 있지만 아무도 하지 않는 것'을 기반으로 아주 약간의 섬세한 시도나 궁리를 더해 비즈니스 모델을 견고하게 만듭니다. 제가 좋은 회사의 비즈니스 모델을 '대단하다'가 아니라 '영리하다'로 부르게 된 계기는 좋은 회사를 방문했을 때 그렇게 느꼈기 때문입니다.

그 후 회사를 방문할 때마다 신경 써서 관찰을 해보니 좋은 회사에서는,

- 약간의 궁리가 있다
- '이런 식으로 나오는군!' 나도 모르게 탄성을 자아내는 '한 대 맞은 느낌'이 있다
- 이익을 내기 위한 지혜 같은 것이 보인다

이런 것들을 잘 느낄 수 있습니다. 이 '느낀다'는 것이 핵심으로, 바로 감각적으로 그리고 저도 모르게 '영리하네요'라고

말하게 되는 비즈니스 모델을 가리켜 '영리하다'고 말합니다. 이러한 궁리들은 모두 대단한 것이지만 '대단하다'라고 하면 비즈니스 스쿨의 교과서에 실리는 비즈니스 모델을 연상하기 쉬우므로 '영리하다'는 말을 사용합니다.

미라이공업의 비즈니스 모델도 '영리하다'고 할 수 있습니다.

주력상품인 스위치 박스는 일본 시장의 80%를 점하고 있습니다. 상당히 많은 종류의 상품이 있습니다만 사실 주요 매출 상품은 3종류 정도로 그 상품이 없으면 회사는 적자입니다. 게다가 그 3가지 상품은 타사에 비해 비싸다고 합니다.

타사보다 비싼 스위치 박스가 잘 팔리는 이유는 한 가지. 다른 상품과 함께 판매되기 때문입니다.

미라이공업은 폭넓은 상품을 구비하고 있으므로 고객 입장에서는 주력상품 이외의 상품도 구매할 수 있습니다. 하지만 일본인은 '주력 상품 3가지는 저렴한 다른 회사에서, 그 이외의 것은 미라이공업에서'와 같은 구매 방식은 예의가 없다고 생각합니다. 그런 국민성을 아는 것으로부터 비싸도 팔린다는 '영리한 비즈니스 모델'이 만들어집니다.

앞서의 유바리 쓰무라 설립도 쓰무라의 주주 입장에서는 비효율적으로 보일 수 있지만, 생약의 생산거점을 중국에 과도

하게 의존하지 않도록 국내에서 생산한다는 목표를 달성하고 있으므로 비판의 목소리는 높지 않습니다. 이것도 '영리한 비즈니스 모델'이라고 말할 수 있습니다.

나가노 현의 이나식품공업에도 마찬가지로 '영리함'이 있습니다. 그 지역에서 유명한 이 회사는 초등학생을 상대로 공장견학을 적극적으로 운영하고 있습니다. 게다가 주변에는 이나식품공업에서 근무하는 어른들도 많이 있습니다. 이 지역에서 자란 어린이들은 어릴 때부터 이 회사 이름에 익숙해서 자연스럽게 '취직하고 싶다'는 마음을 가집니다.

계산된 것이 아닐지도 모릅니다만 결과적으로 '영리한' 공식이 만들어졌습니다.

벤처야말로
'영리함'이 필요하다

벤처 비즈니스가 살아남을 수 있는 것도 '영리한 비즈니스 모델'이 있기 때문입니다. 왜냐하면 대기업이 진입하기 어려운 영역에서 아무도 한 적이 없는(혹은 하고 싶어 하지 않는) 일을 하기 위해서는 상당한 궁리가 필수적이기 때문입니다.

벤처라하면 강한 의지나 사회 공헌도 같은 것들만 평판에 오르지만, 뜨거운 의지와 맞먹는 '영리함'이 없으면 살아남을 수 없습니다.

일본환경설계라는 재활용 회사가 있습니다. 그들이 가진 기술을 사용하면 솜이 바이오 에탄올이 되고 플라스틱이 재생 기름이 되는 방식으로, 모든 쓰레기가 '기름'으로 변합니다. 특히 주목할 것은 단추가 달린 옷이라도 플랜트에 던져 넣는 것만으로 균에 의해 분해된다는 것입니다. 만약 보급만 된다면 분리수거할 필요가 없어지는 것도 꿈같은 이야기는 아닙니다. 가마쿠라투신이 추구하는 순환형 사회를 이끌어 갈 역할에 딱 맞는 벤처기업입니다.

다만 이러한 혁신적 기술을 가진 회사는 다른 나라에도 존재합니다. 그렇지만 모두 같은 난관에 봉착했습니다. 재활용의 재료, 즉 쓰레기를 어떻게 손에 넣는가 하는 문제입니다. 기술만 있다고 비즈니스가 성립하지는 않습니다.

일본환경설계의 이와모토 미치히코岩元美智彦 사장은 비즈니스 모델로써 이 문제를 해결했습니다. 이토요카도와 이온 같은 대규모 슈퍼마켓이나 유니클로 같은 의류점, 무지루시 같은 생활잡화점 등, 일본 소매점의 대다수를 연결하여 하나의 연합체를 만들고 그 각각의 점포에 회수 상자를 설치한 것입니다. 이것으로 가정의 쓰레기를 '장 보러 간 김에' 들고 오는 구조가 구축되었습니다. 소비자들이 쓰레기를 들고 오는 것으로 방문 고객 수가 늘고 매장의 매출이 늘어나는 것이 증명되었기 때문에, 점포를 가진 기업이라면 이 방식에 참가하지 않을 수 없습니다.

환경문제에 적극적으로 대응하는 파타고니아나 스타벅스도 이런 방식에 찬성합니다. 2014년부터 환경부도 지원을 시작하여, 점차 소비자도 기업도 이 방식에 참여코자 할 것입니다. 비즈니스 모델이 참으로 영리합니다.

일본환경설계처럼 유화 사업을 하는 기업은 일본에 또 있습니다. 하지만 이익을 내는 곳은 거의 없고 사회의 재활용 방식으로까지 정착되어 있지도 않습니다. 비즈니스 모델이 제대로 형성되지 않았기 때문입니다(참고로 일본환경설계는 2007년에 창업한 이래 한 번도 적자를 낸 적이 없습니다).

소셜 비즈니스는 사회적 약자에 바싹 다가서는 사업이니만큼 잘 굴러가지 않는 곳도 많습니다. 그것을 '사회를 위해서'라며 변명하는 회사도 있지만 그렇게는 사업을 계속할 수 없습니다. 비즈니스를 통해 사회가 좋아지는 구조를 구축하고 사회를 대규모로 엮어 나가는 것. 이를 위해 필요한 것이 바로

'영리한 비즈니스 모델'입니다.

'블루 오션'을
영리하게 노린다

덧붙여서 말하면 금융업계의 벤처기업인 가마쿠라투신에도 '영리함'은 있습니다.

누구나 할 수 있지만 누구도 할 수 없는 것. 그것이 바로 가마쿠라투신이 말하는 '비상식'적인 금융벤처의 특징입니다.

이치로 선수와 같이 매일 치밀한 계산과 투자의 축적으로 결과를 만드는 섬세한 방식은 제1장에서 다뤘습니다만 이 방법은 굉장히 따라 하기가 힘듭니다. 기본적으로 지금의 목표치 1.7%를 기준으로 투자비율을 매일 조정하지 않으면 안 되므로 개인은 그렇게까지는 할 수 없습니다.

반대로 대기업 입장에서는 투자처가 너무 작아서 참여할 수 없습니다. 펀드 사이즈가 크면 작은 회사에 (그 투자신탁 입장에서)소액을 투자하는 것만으로 회사를 인수해버리는 경우가 생길 수도 있습니다. BGI 시절 수조 엔을 다뤘던 저라면 하루 수십만 엔의 거래는 없는 것과 마찬가지라고 생각하고 상대도

하지 않았을 겁니다(웃음).

결국 가마쿠라투신의 저위험·저수익인 비즈니스 모델은 누구나 참여할 수 없는 방식으로 만들어져 있습니다. 애초에 이 모델은 굳이 극단적으로 표현하자면 '위험을 감내하지 않으니 이익도 필요 없다'입니다. 참여하고 싶어도 참여할 수 없는 그런 '영리한 비즈니스 모델'을 만들었다고도 할 수 있습니다. 운용개시 전부터 노렸던 것이지만, 가마타 사장을 시작으로 창업 멤버들도 이런 비상식적인 방법에 잘 뛰어든 셈입니다.

눈치채셨겠지만 이것은 그야말로 '블루 오션'을 노린 것입니다. 즉 비상식적인 '영리한 비즈니스 모델'을 갖고 있다는 것은 블루 오션을 잘 노린 것이라 할 수 있습니다.

앞서의 일본환경설계도 재활용이라는 매우 사업화하기 어려운 영역에서 이익을 내는 방식을 만들었기 때문에 성공했습니다. 블루 오션을 노렸는가는 제가 벤처를 평가하는 기준 중의 하나이기도 합니다. 그런 벤처는 대체로 "그런 게 될 리가 없잖아"라는 말을 듣지만 이를 뒤집은 이후에는 탄탄한 힘을 갖습니다.

그렇지만 이런 치밀하고 디지털적인 방법이 고객에게 어필하더라도 마음까지 얻는 것은 아닙니다. 투자자의 이해를 구하는 것은 '좋은 회사에 투자한다' '관계를 소중히 한다'는 아날로그적인 부분입니다.

어떤 분은 저희의 모델을 '은하철도 999'라고 했는데 정말 그 말이 맞습니다. 내부는 하이테크지만 외부에는 아날로그라는 영리함도 있습니다.

가마쿠라투신의
또 하나의 '영리함'

참고로 가마쿠라투신의 영리함은 또 한가지 있습니다. 그것은 '관계'를 매개로 '유이2101'의 투자처 기업과 가마쿠라투신이 함께 성장한다는 것입니다.

도비무시와 같은 소셜 벤처는 다른 기업과 팀을 이루는 것에 사업상 매우 큰 영향을 받습니다.

예를 들어 오카야마 현 니시아와쿠라무라西粟倉村의 목공가공 매출 중 약 30%는, '유이2101'의 투자처로 대기아동 문제 해소 사업을 하는 사쿠세스サクセス 홀딩스라는 회사가 차지합니다. 보육원을 만들 때 사용하는 목재의 일부를 이 도비무시의 주요 자회사로부터 조달합니다. 그러므로 그들이 흑자로

돌아설 수 있었던 것도 사쿠세스 홀딩스 덕분이라 할 수 있습니다. 이외에도 투자처인 와이다제작소和井田製作所라는 히다다카야마 지역에 있는 회사가, 도비무시가 히다에서 만드는 나무젓가락을 이벤트에서 사용하기도 했습니다.

당연한 이야기지만 도비무시 입장에서는 거래처가 늘면 늘수록 좋습니다. 하지만 이것만은 아닙니다. 소셜 벤처와 다른 기업이 손을 잡고 함께 하는 방식은 각각의 기업에 상승효과를 가져와 실적이 올라갈 가능성도 커집니다. 게다가 수익자 자신이 투자처 기업의 소비자가 되는 경우도 많습니다. 결과적으로 '유이2101'의 운용실적도 좋아지고 수익자의 재산도 늘어납니다.

요컨데, 언뜻 보기에도 귀찮은 '관계'를 만들어간다는 것은 저희 가마쿠라투신으로서는 쓸모없는 것도 아니고 괜한 오지랖도 아닙니다. 비즈니스상 필요하기 때문에 하는 일입니다. 모든 것은 '유이2101'의 운용실적으로 돌아옵니다.

따라서 결과적으로 수익도 높아집니다. 수익자와 함께 투자뿐만 아니라 소비도 하고 투자처 기업들을 연결하는 역할도 금융으로 하고 있습니다. 어떤 의미에서는 고객인 투자자와 투자처 기업이 하나가 되어 기업 가치를 높여가는 것, 이런

사쿠세스 홀딩스의 노구치 사장(오른쪽 위), 도비무시의 다케모토 사장(오른쪽 아래), 저자. 두 회사의 연결로부터 탄생한 5세 아동용 의자에 앉아있습니다.

도비무시의 활동지역까지 직접 가보는 투자자들.

비즈니스 모델이기도 합니다. 이렇듯 보기에 따라서는 '자작자연自作自演'*인 방법이 저희 비즈니스 모델이 지닌 또 하나의 '영리함'입니다.

물론 이런 시너지는 하나의 같은 세계관, 사회관이 없다면 생겨날 수 없습니다. 일반적인 금융기관이 비즈니스 매칭을 여러 곳에서 하려 하지만 잘 안 되는 것은 공통의 가치관이 존재하지 않기 때문입니다. 저희는 공통의 가치관을 가진 투자처와 투자자를 연결하므로, 결과적으로 시너지가 생겨나 효과를 보기 쉽습니다. 그것이 운용 실적으로도 이어지고 있습니다.

여기에서 생기는 것은 '촉감'이 있는 금융일지도 모르겠습니다.

투자를 시작했을 때 도비무시는 적자였습니다. 사회에 필요한 회사였지만 저희가 회사를 지원하지 않으면 도산할 것이 눈에 뻔히 보였습니다. 그러므로 도산하지 않을 구조를 열심히 고민했습니다, 필사적으로 말입니다. 그러자 펀드의 성적도 결과적으로 좋아졌고 고객도 '회사를 응원한다'는 사회적 가치를 더욱 크게 느끼게 되었습니다.

• 무엇이든 스스로 꾸려 나가는 것.

금융이라는 것은 손으로 만질 수 없으므로 '촉감'과 같은 것을 느낄 수 있다면 저 자신도 그것을 느끼고 싶었습니다. 그러한 생각의 결과, 모두가 흉내 낼 수 없는 방식이 생겨났습니다.

자비로운 눈이 아닌
'성과물'로 평가한다

시즈오카 현에 모리스^{モリス}라는 장애인 취업 지원시설이 있습니다. 시즈오카 현의 간벌재(間伐材)*를 사용해서 목패 걸이나 명찰을 만듭니다. 사단법인이기 때문에 '유이2101'의 투자처는 아니지만 저는 이 시설의 팬으로서 주위에 자주 홍보합니다.

저는 멋지다고 생각하는 상품이 있으면 누가 만들었는가에 개의치 않고 '멋지다'고 말합니다. 수익자총회에서 사용하는 스태프용 명찰도 모리스가 만들었습니다.

본격적으로 장애인을 고용하는 기업이나 단체는 자원봉사

• 나무가 잘 자라도록 나무 사이의 간격을 띄우기 위해 솎아낸 나무. 가늘고 옹이가 많아 땔감 등 주로 저급 재목으로 사용된다.

같은 자비로움에 질려 합니다. 항상 '불쌍하다'는 듯이 위에서 아래로 내려다보는 시선과 함께 상품이 팔립니다. 하지만 그들은 동정받고 싶은 것이 아니라 상품으로 평가받고 싶어 합니다. 이전에 모리스로부터 나무로 된 감사장을 받은 적이 있습니다만 그것은 '주문해주어서 감사하다'는 것이 아니라 '상품을 제대로 평가해주어서 감사하다'는 의미가 아니었나란 생각이 듭니다.

인간에게는 건강한 사람이 있는가 하면 장애인도 있습니다. 하지만 그런 구분은 굉장히 미묘한 것이라고 생각합니다. 예를 들어 지적장애인은 일을 처리하는 데 시간이 걸립니다. 하지만 건강한 사람과 다른 점은 그것뿐입니다.

효율이라는 한가지 기준으로 보면 그들의 처리시간은 길기 때문에 '능력이 낮다'가 됩니다. 하지만 에후피코처럼 지적장애인을 진정으로 활용하는 회사는 '시간이 걸린다'는 것을 '끈기가 있다'로 바꾸어 생각하고 능력을 최대화할 수 있는 곳을 찾아 그곳에 배치합니다. 그렇게 해서 자신이 일할 자리를 찾으면 사람은 눈을 반짝이며 일을 합니다.

사람들은 소수자에 대해 '위에서 내려다보는 시선'으로 대하는 경향이 있습니다. 하지만 그것으로 괜찮은 것일까요?

'유이2101'의 확산으로, 자비로움이 아니라 성과물로 평가하는 자세가 널리 퍼졌으면 하고 바라봅니다.

기업이란
사용자의 센스가 요구되는 '그릇'

기업 중에는 사회가 요구하지 않는 상품을 만들거나 불필요한 비용을 들이고 마는 회사도 있습니다. 그렇게 되면 점점 체력을 잃고 망하게 됩니다. 성장을 위해서는 우수한 직원이나 설비가 필요합니다만 너무 많이 갖추어 무거운 나머지 앞으로 나아가지 못하게 되기도 합니다. 필요한 근육이 있으면서도 군살이 거의 없는 것. 그런 상태를 유지하는 기업은 매우 아름답다고 생각합니다.

하지만 '군살'이 붙은 기업도 아름다운 기업도 표면상으로는 매출이나 이익을 추구하는 것이 전부인 양 보이기 때문에 그런 기업의 모습을 탐욕스러움으로 받아들이는 사람도 있습니다. 사람처럼 '표정'이 보이진 않지만 기업의 활동으로부터 '온화한 회사'인지 '공격적인 회사'인지는 보입니다. 즉 기업은 사용자인 경영자의 센스가 요구되는 그릇입니다.

그런 '아름다운 그릇'을 망치는 것이 있습니다. '무상(無償)의 정신'입니다.

예를 들어 품질이 좋은 상품을 만들어 착실히 수익을 내는 회사가 있다고 합시다. 그런데 비슷한 상품을 다른 나라로부터 대량으로 기부받으면 매출은 단숨에 줄어듭니다. 건전한 경영을 하는 회사라고 해도 파탄의 궁지에 몰리게 됩니다.

이것은 개발도상국에서 쉽게 볼 수 있는 현상입니다. 컴퓨터 수리 기술을 가지고 있어도 신상품이 계속해서 들어오면 할 일이 없어집니다. 선진국이 '잘되길 바라는' 마음으로 보낸 기부가 정상적인 경쟁을 망치고 결과적으로 개발도상국의 자립이나 발전을 저해해 버립니다.

비슷한 경우가 그 외에도 있습니다.

작년에 보조금이나 장려금에 지나치게 의존한 지방의 쇠퇴 이야기가 무성했습니다. '무상'이 사람을 사고정지 상태에 이르게 합니다. 입을 벌리고 돈을 기다리는 사람이 생기면, 결과적으로 '아름다운 그릇'이 될 수 있었던 기업도 부정적인 영향을 받습니다.

그러므로 저희는 사회성과 경제성을 양립시키는 기업이야말로 앞으로의 국가를 지탱할 기업이라 생각하고 응원합니다.

금융기관의
역할은
돈에
잠들어 있는

'이어주는 힘'으로
사회를
움직이는 것

– '금융'을 재정의하다

금융이란

'이어주는' 것이다

가마쿠라투신은 투자처의 경영방침이나 재무상황에 참견하지 않습니다. 더 이익을 내라고도 말하지 않고 배당을 집요하게 요구하는 일도 없습니다. 하지만 경영방침이 바뀌는 등 기업의 사회적 가치에 의문이 생길 경우에는 계속해서 보유할 것인지 재검토합니다.

그러므로 돈을 투자하기 전에 투자처에는 **"저희는 좀 성가신 면이 있는데 괜찮겠습니까?"**라고 묻습니다.

가마쿠라투신은 아무리 지명도가 낮아도 '좋은 회사'라면 철저하게 응원합니다. 투자처가 아니어도 수익자총회에서 소개하기도 하고 제휴할 만한 회사를 주선하기도 합니다. 사회적 신용이 낮은 벤처기업에게는 제삼자가 '좋은 회사'라고 말해주는 것이 매우 의미 있기 때문입니다.

그러나 그만큼 투자처에는 의무가 발생합니다.

그러므로 "성가시다면 하지 마세요"라고 말하는 것입니다.

어째서 이런 '성가신' 관계를 쌓으려는 것일까요? 이유는 하나, **이것이 금융 본래의 모습**이기 때문입니다.

리먼 쇼크로 나타난 금융위기는 '볼 수 없는 관계'가 원인이었습니다.

발단이 된 서브프라임 론은 여러 가지 상품을 '마구 섞은' 상품이었습니다. 신용등급이 매우 높았기 때문에 잘 모르는 상품이어도 안심하고 구매했을 것입니다.

돈을 맡기는 쪽은 그 돈이 어디로 건너가서 무엇에 쓰이는지 전혀 알 수 없었으리라 생각합니다. 즉, 투자하는 사람과 투자받는 사람이 분리단절되어 있었던 것입니다. 그래선 안된다는 것을 가르쳐준 것이 리먼 쇼크였습니다.

그러므로 리먼 쇼크 전과는 반대로 움직여야 합니다. 즉 투자자와 투자처가 '연결고리'를 가져야만 합니다.

어떤 회사의 주주총회에서 주주가 경영자에게 이런 질문을 했다고 합니다.

"가마쿠라투신이라는 무슨 소리를 하는지 도통 알 수 없는 펀드가 당신 회사의 주식을 산 모양인데, 괜찮은 거요?"

눈앞에는 많은 주주가 앉아 있으므로 납득할 수 있는 답변을 하여야 했습니다. 자금으로 고생하는 회사도 아니었으므로 가마쿠라투신과는 사업상 연결되어 있지도 않았습니다. 이상하게 생각하는 주주에게 그 경영자는 딱 잘라 이렇게 말했다고 합니다.

"그들은 그런 사람들이 아닙니다."

뭔가 정서적인 답변이지요. 어느 정도로 투자자가 납득했는지는 모르겠습니다만 저희와의 연결고리를 소중히 했기 때문에 나올 수 있는 대답이라고 생각합니다. 그 자리에 저희는 없었으므로 진심이었다고 생각합니다.

참고로 이 말은 기후 현에 있는 미라이공업의 다키카와 가쓰히로瀧川克弘 전 사장이 한 말입니다. 이것을 들었을 때, 저희는 저희에 대한 신뢰를 실감한 것과 동시에 굉장히 마음이 긴장됨을 느꼈습니다.

투자처와의 '성가신 연결고리'가 사회를 형성한다
– 야마토와 형성된 인연

투자처와는 '성가신 연결고리'를 가집니다. 이것에 기업의 크고 작음은 상관없습니다. 예를 들어 투자처인 야마토 홀딩스에는 이런 일을 했습니다.

야마토는 동일본 대지진 이후 동북지역에 142억 엔을 기부했습니다. 순이익의 실로 40%에 해당하는 금액으로 한 기업의 기부금으로서는 매우 큰 액수입니다.

일부 주주는 반발했습니다. 왜냐하면 142억 엔을 기부했다는 것은 자신들의 배당금이 줄어든다는 것과 마찬가지이기 때문입니다.

하지만 가마쿠라투신은 야마토를 '굉장하다'고 생각했기 때문에 수익자에게 '야마토가 옳다'고 주장하기로 했습니다. 저희가 야마토의 행동을 인정한다면 야마토도 보답 받을 것이라 생각했습니다. 참으로 쓸데없는 참견이지요.

참견에는 시간과 노력이 들었습니다.

저희는 먼저 야마토가 기부한 동북지역의 사업자를 방문했습니다. 업종도 장소도 제각각이었습니다. 현지에서 기부금을 어떻게 사용했는지, 그 기부금이 어떤 의미를 가졌는지도 물었습니다.

동시에 그 모습을 비디오로 찍었습니다. 재해 당시의 일을 묻는 것은 듣는 입장에서도 괴로운 일이었지만 그들은 고통을 참고 눈물을 글썽이며 "야마토 덕분입니다"라고 말했습니다. 어느 보육원에서는 이렇게 말했습니다. "야마토의 돈으로 보육원을 재건해서 지역의 보육을 계속할 수 있었습니다."

비디오는 2014년 가마쿠라투신의 수익자총회에서 방영했습니다. 142억 엔은 어쩌면 자신이 받을 수 있었던 돈일 수도 있지만 한편으로 동북지역에서는 확실히 유용했습니다. 동북지역에 기부해서 좋았음을 전달하자 '유이2101'의 수익자도 안심했으며 무엇보다 야마토도 편안했으리라 생각합니다.

이것은 가마쿠라투신 나름의 설명 책임을 수행하는 방식이기도 합니다.

제1장에서 '유이2101'의 수익에는 3가지 종류가 있다고 했습니다. 자산의 형성, 사회의 형성, 마음의 형성입니다. 이때 저희는 투자처가 사회형성의 한 축을 담당하고 있음을 증명했습니다.

의지가 있는 돈은 사회를 변화시킵니다. 재해 직후에는 정부나 지원단체에 기부하는 것이 불안하다고 하는 분들이 많이 있었습니다. 어디에 쓰이는지 알 수 없기 때문입니다.

하지만 야마토는 지원처를 특정해서 기부했습니다. 정부나 지자체가 하지 못하는 지원을 하겠다는 기가와 마코토木川眞 사장의 의지가 있었기 때문입니다. 의지를 돈에 투입하면 사회에 보탬이 됩니다. 그것을 전하는 것도 저희의 의무라고 생각합니다.

참고로 수익자총회에는 야마토 홀딩스의 키가와 사장도 출

2014년에 열린 수익자총회. 수익자의 질문에 직접 답하는 야마토 홀딩스의 기가와 사장(중앙).

석했습니다. 그뿐 아니라 수익자에게 강연까지 했습니다. '유이2101'은 0.017%의 주주에 불과한데도 말입니다.

그리고 그 비디오 보고를 본 기가와 사장은 한 마디,

"고맙네."

라고 말해주었습니다. 이 활동들로 인해 가마쿠라투신과 야마토의 '연결고리'는 물론 가마쿠라투신이 운용, 판매하는 '유이2101'의 수익자와 야마토의 '연결고리'도 더욱 견고해졌습니다.

먼저 '도움이 되는 것'부터
- 바로 투자를 결정하지 않는다

투자 후보 기업과의 관계는 시간을 들여 만들어갑니다. 우선은 투자 이외에 도움이 될 것이 있는지 찾습니다.

이유는 두 가지입니다. 한 가지는 '가마쿠라투신은 당신의 비전에 공조하고 있다'는 것을 전하기 위함입니다. 물론 말로도 전하지만, 무엇보다 태도로 보여주는 것이 중요합니다. 가마쿠라투신의 투자처 중에서 거래처가 될 만한 곳을 소개하기도 합니다. 도비무시의 경우, 먼저 '유이2101'의 수익자총회에 등단해주었습니다.

또 한가지 이유는 장기간 교제하면서 상대의 '좋은 점'을 보고 싶기 때문입니다. 일시적인 인터뷰로는 아무리 해도 단편적인 정보밖에 얻을 수 없지만 장기간의 교제라면 그 회사의 '진정한 장점'이 보입니다.

그중에는 투자를 결정하기까지 시간이 걸리는 경우도 있습니다. 하지만 서두르지 않습니다. 오히려 **'인연이 있다면 이어지겠지'**라고 생각합니다.

예를 들어 이케우치오가닉의 경우 투자 구조의 문제로 바로 투자할 수 없었습니다. 당시 '유이2101'의 순자산총액은 3억 엔뿐이어서 재건에 필요한 수천만 엔을 변통할 수 없었습니다. 결국 8천만 엔의 투자를 하기까지 3년이 걸렸습니다.

물론 자금난을 겪는 회사의 경우 자금 조달 속도는 무엇보다 중요합니다. 하지만 기다릴 수 있다면 투자까지의 시간은 길게 가져가고 싶습니다. 특히 비상장 회사는 한번 사면 시장에서 팔기가 어려우므로 긴 교제 속에서 신뢰 관계를 구축하는 것이 중요합니다.

장기간 교제를 거쳐도 도움이 안 되는 경우도 있을 수 있습니다. 하지만 인연이 있다면 어딘가에서 만나겠지라고 생각합니다. 실제로 어떤 포럼에서 우연히 만난 직원이 이웃 역 근처에 사는 등 우연이 쌓여 관계가 발전한 회사도 있습니다. 생각이 같다면 왠지 만나는 횟수도 늘어나고 그것이 안심의 느낌으로 이어지기도 합니다.

소셜 활동은
'모두가 하는 것'

잠시 일본이 놓인 환경을 돌아보도록 하겠습니다.

투자처인 '사쿠세스 홀딩스'는 대기아동 문제를 해결하고자 노력합니다. 그 문제는 해결을 추구하는 플레이어가 많고 정부도 문제시하고 있는 터라 언젠가 해결되리라 생각합니다.

하지만 문제가 해결되어도 사쿠세스 홀딩스가 필요 없어지는 것은 아닙니다. 그들이 진정으로 추구하는 것은 '아이들이 풍요로워지는 것'이기 때문입니다.

그들이 운영하는 보육원에는 간벌재가 사용됩니다. 장난감도 간벌재로 만들어졌고 아이들에게는 자연교육도 합니다. 즉 대기아동이 없어져도 그들이 사회를 정확히 인식하는 한 일정한 역할은 있는 것입니다.

그리고 일본은 고령화와 니트족 등 많은 과제를 안고 있습니다. 그런 의미에서 일본은 과제 선진국입니다. 해결책을 발견한다면 세계에 도움이 될 것입니다.

'유이2101'에는 이런 활동을 몇몇 플레이어들에게만 맡기는 것이 아니라 '모두 함께'하고 싶다는 생각이 담겨 있습니다. 그것이 '소설'이기 때문입니다. 그 결과 22세기가 시작되는 2101년에는 더욱 좋은 사회가 이루어져 있으면 좋겠다고 생각합니다. 투자처와 투자자 간 '연결고리'가 있는 가마쿠라투신이기 때문에 할 수 있는 일이라고 믿습니다.

모두가 함께하는 것이라 해도 그 관여하는 방식은 제각기 다릅니다. 투자는 그중 한 가지 방법입니다. 하지만 '유이2101'의 수익자에게서는 신기한 행동을 볼 수 있습니다.

투자처 기업의 상품을 계속해서 사는 것입니다. 투자도 하고 상품도 산다. 왠지 이상한 사람들입니다(웃음). 우리 회사의 고객이면서 제가 '사랑할 수밖에 없는 변태'라고 부르는 이유도 이해할 수 있겠지요.

이 자세는 투자처에 좋은 영향을 끼칩니다. 이 책에서도 몇 번이나 등장하는 이케우치오가닉의 이케우치 사장은 열정적인 수익자와 연결고리를 갖게 되면서 '책임감이 강해졌다'고 말합니다. 수익자총회에서는 수익자의 얼굴을 볼 수 있기 때문에 '이런 사람들이 지지해주고 있구나'를 실감한다고 합니다.

은행과 같은 금융기관에서는 융자를 의뢰해도 지점장이나 담당자는 알 수 있지만 실제로 돈을 내어주는 예금자와 연결 고리가 생기는 경우는 없습니다. 그러므로 '사랑할 수밖에 없는 변태'들을 앞에 두면 '이 사람들이 기대하는 회사를 만들어야만 해'라며 마음이 긴장된다고 합니다.

연결고리는 소셜 활동의 원점이며 투자처에게는 적당한 긴장감이 되기도 합니다.

'가마쿠라투신이 투자하는 곳은 좋은 회사'
- 새로운 '여신'의 형태

비상장기업에도 적자기업에도 '사채(社債)'라는 형태로 그것도 장기간에 걸쳐 투자한다는 것은, 제1장에서 설명했습니다만 실로 그 투자방식이 새로운 가능성을 열었습니다.

보통 적자기업에 금방 상환할 수 없는 구조로 투자를 하게 되면, 많은 투자자는 그 펀드를 보유하는 것을 불안해하고 동종의 금융기관들은 '머리가 어떻게 된 것 아닌가'라고 생각하겠지요.

하지만 지금은 가마쿠라투신이 '유이2101'로 투자하고 있다는 것이 알려지면, 금융기관은 "비상장인데도 좋은 회사군요"라고 반응한다고 합니다. 금융기관이 갖는 인상에서도 '유이2101'의 투자실적이 융자실적처럼 취급받기도 한다고 합니다.

이렇게 되면 마치 금융기관의 가장 중요한 업무인, 투자처에 대해 신용을 공여해주는 '여신'을 제공하는 것만 같습니다.

가마쿠라투신이 만드는 '연결고리' 중에서 새로운 신용이 생기고 그것이 각각의 기업에 금전적으로 보탬이 된다는 것. 창업 당시에는 여기까지 생각하지 않았습니다만 비가 오는 날에 우산을 빼앗아가는 세상에서 우산을 내어주는 근거로 저희가 사용된다면 무척이나 기쁠 것입니다.

투자처 간 연결로
새로운 비즈니스가 생겨나다

제6장에서 도비무시와 사쿠세스 홀딩스가 연결되어 그것이 비즈니스 관계로 발전된 사례를 소개했습니다만 가마쿠라투신에서는 이러한 투자처 기업 간의 연계가 일상적으로 이뤄지

고 있습니다.

이런 활동을 '비즈니스 매칭'이라고 부릅니다. 하지만 일반적으로는 잘 안 됩니다. A라는 회사의 기술과 B라는 회사의 기술을 사용하면 C라는 상품이 생겨난다. 이론적으로는 맞더라도 어차피 기업도 인간이기 때문에 가치관이 다른 회사끼리는 어렵습니다.

하지만 같은 '유이2101'의 투자처라면 문제의식도 가치관도 서로 비슷합니다. 그러므로 매칭하기 쉽고 투자처 간 연계도 생겨나기 쉽습니다.

가치관을 명확히 하면 여러 사람이 모여듭니다. 예를 들어 '유이2101'의 투자 후보 기업도 그렇습니다. 기업 쪽에서 먼저 제안하여 만나는 경우도 많은데 이야기를 나누다 보면 뭔가 '동지' 같은 느낌이 듭니다. 그리고 그 주변 정보를 수집하다 보면 반드시 어딘가에 연결되어 있어서 '그 사장은 신뢰할 수 있으니 괜찮다'고 생각하게 됩니다.

제안은 매월 5, 6건 정도입니다. 비즈니스 모델이 불완전하다면(영리한 구조가 없다면) 투자하기 어렵지만 그렇지 않다면 그 후는 시점의 문제입니다. 최적의 투자 시점을 찾기까지는 대화를 계속하거나 수익자총회에 등단하도록 하며 계속 응원합니다.

　신념을 가지고 계속 활동하다 보면 사람과의 연결고리는 '빨려 들어오듯이' 늘어납니다. 게다가 사람과 사람, 기업과 기업을 연결하면 여기저기서 '윈윈'의 관계가 생겨납니다. 이 것이 진정한 금융이라고 생각합니다.

경쟁상대를
협력상대로 바꾸기

제6장에서도 소개했던 일본환경설계라는 재활용 회사는 창업 당시부터 알고는 있었지만 2014년 말에 비로소 이와모토 사장과 만나 의기투합하면서 그 비즈니스 모델에 반해버렸습니다.

　그 회사의 사업은 '쓰레기 감소'라는 환경형 사회의 실현을 생각하면 매우 중요하므로 진심으로 응원하고 있습니다만 실은 크게 고민되는 점이 있습니다. '유이2101'의 투자처인 에후피코와 경쟁하는 관계가 되고 만다는 것입니다.

　제5장에서 소개했던 장애인 고용률 16%를 자랑하는 에후피코는 자사에서 트레이를 제조하고 판매함과 동시에 회수한

트레이를 재활용해서 '에코트레이'로 판매하는 일을 하고 있습니다. 따라서 일본환경설계의 사업방식이 보급되면 400명 가까운 지적장애인이 직장을 잃을 수도 있습니다.

이노베이션에는 좋은 일만 있는 것은 아닙니다. 새로운 산업이나 비즈니스가 생겨나면 소멸하는 것도 있습니다. 무엇인가가 새로 탄생하는 만큼 사라지는 것도 있습니다.

그런 의미에서 일본환경설계에 의한 이노베이션은 시장에 많은 신진대사를 일으킬 것입니다. 하지만 금융기관은 '관계'를 만드는 것이 사명이므로 투자처끼리 경쟁하여 한 곳이 사라지는 일은 무조건 피하고 싶습니다. **오히려 경쟁상대를 협력상대로 바꾸는 것이 금융기관의 의무라고 생각합니다.**

왜냐하면 소비자가 '이제 트레이를 씻을 필요가 없네' '분리수거 할 필요도 없어' 이렇게 된다면, 이 사회를 위하여 착실히 노력해온 에후피코 같은 회사는 오히려 손실을 보게 됩니다. 그것을 깨달은 순간 '맙소사 간단치 않은 일을 깨달아 버렸군'하고 탄식했습니다. 그 날은 한숨도 잘 수가 없었습니다.

이 책을 집필하고 있는 지금도 양쪽이 상생하는 구조 만들기에 힘을 보태고 있습니다. 금융기관이 그렇게까지 개입할 필요는 없다고 말하는 사람도 있겠지요. 하지만 관계를 잇는다는 금융 본래의 기능을 깨달은 저에게는 '신이 주신 과제'라고 생각될 따름입니다.

금융기관 본래의 임무는
'선량한 관리인'

주어진 과제에는 금융으로서 지켜야 할 모습을 추구해야 한다는 것도 있습니다.

돈을 움직이는 것이 아니라 관계를 만들어 사회를 움직이는 것이 그 역할이라고 해도, 어떤 기업이 '좋은 회사'인지를 결정하는 것은 어디까지나 사회이지 저희 같은 금융인이 아닙니다. 저희는 '윤활유'에 지나지 않습니다.

저는 이제 금융의 역할은 '사회의 관리인' 그것도 선량한 관리인이어야 한다고 생각합니다.

그렇게 생각하면 그저 '이어주기'만 하는 것으로는 그 역할을 다한다고 할 수 없습니다. 예를 들어 투자처 기업에 문제가 발생하면 제일 먼저 따지며, 왜 그 회사가 사회를 이롭게 하는지 설명할 수 없으면 의무를 다했다고 할 수 없습니다. 왜 이 회사가 '좋은 회사'인지 계속해서 설명하는 것 또한 설명책임을 다하는 것이 됩니다.

반대로, 그것을 설명할 수 없다면 그 기업을 투자처에서 제외하고 전량 매각할 수밖에 없습니다.

예를 들어 한때 투자처였던 히타치건기日立建機를 '유이 2101'의 투자처에서 제외하고 전부 매각한 적이 있습니다. 왜 우량기업인 히타치건기를 굳이 제외했을까요? 그것은 야마나시 히타치건기라는 관련 회사를 연결대상에서 제외했기 때문입니다.

현재는 닛켄日建으로 이름이 바뀐 이 회사는 대인지뢰제거기를 개발하여 국제사회에 공헌해왔습니다. 저희는 히타치건기에 대한 투자를 지뢰가 없는 사회를 실현하기 위함이라고 설명했습니다만 연결대상에서 이곳이 제외되면서 그 설명을 더는 할 수 없게 된 것입니다.

눈치채셨겠지만 이 판단은 관리인(이 경우에는 저입니다)의 센스가 요구되는 것이기도 합니다. '얼굴을 보는 관계' 속에서 다양한 돈의 흐름을 관장하는 금융기관에는 앞에서 언급했던 '주관'이 요구됩니다.

저희는 그러한 '주관'이나 '센스'에 동조하는 고객으로부터 돈을 맡아 4%의 이익을 손에 넣을 수 있도록 궁리하는 것을 위탁받았을 뿐입니다. 그것이 저희 금융의 모습입니다.

결국 저희가 꿈꾸는 사회를 고객과 공유하고 그 사회를 향해 계속 노력할 따름입니다.

하는 일은
'예전의 금융'에 가깝다

관리인이라는 것을 의식하게 된 이후 자주 듣는 말이 있습니다.

저희 가마쿠라투신이 하는 일은 한 곳 한 곳 회사를 방문하여 신뢰관계를 쌓고 융자를 하는 예전의 금융에 가깝다는 말입니다. 저도 그 말이 맞다고 생각합니다.

오늘날의 금융은 솔직히 말해 어느 금융기관에서 돈을 빌리더라도 매한가지입니다. 즉 돈에는 표정이 없고 금융기관은 제삼자가 정한 기준이 따라 그저 신용(credit)을 담보할 뿐입니다. 거기에 신뢰는 전혀 존재하지 않습니다.

한편 저희는 "가마쿠라투신의 '유이2101'로부터 투자받고 싶다"는 말을 듣는 존재가 되었습니다.

얼굴을 보는 관계가 있고 돈에는 '가마쿠라투신'만의 표정이 담겨 있습니다. '신뢰'를 기반으로 하기에, 분명 금전적으로는 레버리지 효과가 안나지만 버블이 발생할 일도, 나아가 버블이 붕괴하는 일도 없습니다.

지금의 일본을 지탱하는 대기업도 예전에는 벤처기업이었습니다. 그들도 지역의 금융기관이나 얼굴을 마주할 수 있는 범위의 사람들에게 신뢰를 바탕으로 돈을 빌려 창업했을 것입니다. 이와 동일한 일이 지금 가마쿠라투신의 주변에서 일어나는 것일 뿐입니다.

신뢰에 레버리지를 걸어 '표정'이 있는 돈으로, 사람과 사람, 기업과 투자자를 이어주는 것. 이것이 가마쿠라투신에서 근무하는 저의 일의 본질입니다.

'촉감'이 있는 금융은
신뢰에서 생겨난다

저에게는 항상 자문자답하는 것이 있습니다. 그것은 우리에게 무엇이 요구되는가 입니다.

벤처기업의 자금조달도 마이크로 파이낸스나 크라우드 펀딩처럼 다양해지고 있습니다. 운용기술 또한 최고의 것을 제시하고 싶지만 저희의 금전적인 수익은 낮습니다. 아마도 저희 가마쿠라투신에 요구되는 것은 '돈을 받아들이는 관점을 바꾼다'일 것입니다.

어떤 이는 이렇게 말했습니다.

"1억 엔을 벌고 나면 그 돈을 2억 엔으로 만들고 싶어진다. 2억 엔을 벌면 다시 3억 엔을 벌고 싶어진다. 돈을 목적으로 하면 행복은 찾아오지 않는다."

저희는 '유이2101'을 소개할 때 '연결고리'라는 무형의 가치를 주장합니다. 하지만 본질은 '연결고리'를 통해 돈의 정의를 바꾸어 온 것이라고 생각합니다. 돈은 행복해지기 위해 존재하는 것이지 돈을 늘린다고 행복해지는 것은 아닙니다. **저희 사업의 본질이란 돈을 늘리는 것이 아니라 '연결고리'를 통해 행복을 늘리는 것입니다.**

저에게는 잊을 수 없는 '신뢰'의 경험이 있습니다.

저는 장애인 스키 교사입니다. 어느 날 한 시각장애인을 지도할 기회가 생겼습니다.

저는 시각장애인이 스키를 탈 때의 감각을 알기 위해서 시험삼아 안대를 하고 미리 스키를 타봤습니다만 그 결과는 참담해서 공포심밖에 느낄 수 없었습니다.

그러므로 지도할 때 되도록 상대의 페이스에 맞추려고 노력했습니다만, 이런 말을 들었습니다.

"아라이 씨, 타기 힘들어요."

그리고 "아라이 씨가 기분 좋은 페이스로 타세요"란 말도 들었습니다.

그래서 꽤 속도를 내며 탔습니다. 그러자 그들은 부딪히지도 않고 잘 따라왔습니다. 2일간의 강습을 마쳤을 때 그들은 이렇게 말했습니다.

"아라이 씨 최고예요! 이렇게 기분 좋게 땀 흘리며 스키를 탄 적은 처음이에요."

필시 그는 저에게 목숨을 맡겼었으리라 생각합니다. 넘어질 수 있다는 공포도 있었을 테고 누군가와 부딪힐 위험도 있습니다. 하지만 저를 신뢰했기 때문에 최고로 기분이 좋았다는 것. 그리고 저도 다른 이에게 신뢰받는다는 것이 이렇게 기쁜 일이라고는 생각지 못했었습니다.

'유이2101'에 투자하는 수익자는 돈에 마음을 담고, '유이2101'로부터 투자를 받는 투자처 기업은 그 마음이 담긴 돈을 받습니다.

미래의 일은 예측할 수 없습니다. 맡기는 쪽도 맡은 쪽도 불안과 공포심은 있습니다. 하지만 서로를 믿는 것으로 자산, 마음, 사회 모두를 풍요롭게 하는 '연결고리'를 만들 수 있습니다.

"돈에는 이런 힘이 있구나."

"처음으로 의미 있게 돈을 쓸 수 있었어."

수익자로부터 이러한 목소리를 들을 때마다 저는 그때 스키장에서 느꼈던 것과 같은 감동에 휩싸입니다.

타인과 이어져 그를 신뢰하고 타인의 행복에 대해 생각하는 것. 그것이 저의 역할이고 금융의 역할이라 믿습니다. 또한 이 믿음 위에서 앞으로도 계속해서 '연결고리'를 만들어가고 싶습니다.

마치며

지금 일본 주식시장은 아베노믹스의 금융완화 등으로 인해 닛케이 평균주가가 거의 15년 만에 1만 9천 엔대를 돌파하는 등 활황입니다.

이런 상황 속에서도 가마쿠라투신은 지금까지와 마찬가지로 운용방침에는 변함이 없습니다. 오히려 가열될수록 이 말을 상기합니다.

"이런 유치한 주식시장에 이렇게 소중한 회사를 상장시킬 수는 없어."

이 말은 이나식품공업 쓰카코시 히로시塚越寬 회장의 저서 『정리해고 없는 '연륜경영'』(광문사)을 읽고 가장 강하게 기억에 남은 메시지입니다.

실적이 따라오지 않는데 기대만 앞서 나가면 버블이 형성됩니다. 가마쿠라투신은 100년을 지속하는 '연륜운용'을 목표로, 언제까지나 착실히 노력하며 투자처인 좋은 기업들과 함께 걸어가고 싶습니다.

언젠가 쓰카코시 회장에게 "너희들이라면 함께 해도(투자받아도) 좋다"라는 말을 듣는 날이 오리라 믿으며.

'경제에 투자하는 것이 아니라 경영에 투자한다'
'투자처와 고락을 함께한다'
이런 기분으로 운용하고 있습니다.

초심을 지키는 일은 쉽지 않지만, 수익자분들의 웃는 얼굴이 있는 한, 할 수 있으리라 믿습니다.

무명이었던 가마쿠라투신이 여기까지 올 수 있었던 것도 창업 때부터 지도해주신 호세이 대학 대학원의 사카모토 고지 선생님, 게이오 기주쿠 대학 상학부의 나카시마 다카노부 선생님, 감사법인 소켄사双研社의 기시 유타카貴志豊 선생님, 사람과 경영 연구소의 오오쿠보 히로시大久保寛司 소장님, 사람과 호스피탈리티 연구소의 다카노 노보루 소장님 덕분이며, 수익자와 투자처 기업의 경영자, 가마쿠라투신의 거래처, 그리고 가마쿠라투신의 창업 멤버와 직원들이 있었기 때문이라고 생각합니다.

　마지막으로 편집에 협력해주신 사이토 마키齋藤麻紀 씨와 다이아몬드 출판사의 히로하타 다츠야廣畑達也 씨에게도 감사의 말씀을 드리고 싶습니다. 저를 위해 소중한 시간을 내 주셔서 감사합니다.

　이 책을 끝까지 읽으신 후 가마쿠라투신의 구호 '좋은 회사를 늘립시다'를 함께 외칠 수 있는 사이가 된다면 그보다 더 기쁜 일은 없을 것입니다.

2015년 3월 23일
가마쿠라투신 주식회사 자산운용부장
아라이 가즈히로

'R&I 펀드 대상(大賞)'에 대하여

'R&I 펀드 대상'은 과거 데이터에 기반한 것으로 장래의 퍼포먼스를 보증하는 것은 아닙니다. 본 대상은 투자의 참고가 되는 정보의 제공만을 목적으로 하며 투자자에게 해당 펀드의 구입, 매각, 보유를 추천하는 것은 아닙니다. 또한, R&I의 고객에 대해서 제공하는 정성평가 정보와도 관련이 없습니다. 본 대상은 신뢰할 만한 정보를 기반으로 R&I가 산출한 것으로 그 정확성 및 완전성이 반드시 보증된 것은 아닙니다. 본 대상은 신용등급 평가업이 아니며 금융상품 거래업 등에 관한 내각부령 제299조 제1항 제28호에 규정된 기타업무(신용등급 평가업 이외의 업무 및 그 관련 업무 이외의 업무)입니다. 본 업무에 대해서는 신용등급 평가 행위에 부당한 영향을 미치지 않기 위한 조치가 법령으로 요구됩니다. 본 대상에 관한 저작권 및 기타 권리는 R&I에 속합니다. R&I의 허락 없이 이러한 정보를 사용(복제, 변경, 송신, 배포, 삭제를 포함)하는 것을 금합니다. 「투자신탁/종합부문」의 각 카테고리에 대해서는, 수상 운용회사 해당 펀드의 평균적인 운용실적을 평가하는 것으로 반드시 수상 운용회사의 모든 개별 펀드 각각의 운용실적이 뛰어나다는 것을 의미하는 것은 아닙니다. 투신의 기준가격 등은 QUICK 기준. 상세한 내용은 R&I 홈페이지를 확인해주십시오.

http://www.r-i.co.jp/jpn/ie/itr/fund_award

'R&I 펀드 대상 2013'의 개요

시상 대상에 대해서는, 「투자신탁」 「확정기여형 연금」 「확정급여형 연금」 은 2011, 2012, 2013년 각각 3월 말 시점에 대해 1년간 운용실적 데이터를 사용하여 정량평가한 결과가 전년도 상위 75%에 이내에 있는 펀드를 대상으로 2013년 3월 말 기준 3년간의 정량평가 순위에 기반하여 선정합니다. 정량평가는 「투자신탁」 「확정기여형 연금」의 경우 "샤프 비율"을 이용하고 시상대상은 설정으로부터 3년 이상이고 상환예정일까지 1년 이상의 기간이 남아있으며 잔액이 10억 엔 이상 및 카테고리 내 상위 75% 이내의 조건을 만족하는 펀드입니다. 「확정급여형 연금」은 정량평가에 "정보 비율"을 이용, 정량평가가 플러스인 펀드를 대상으로 합니다. 그리고 「투자신탁」 「확정기여형 연금」은 상위 1개 펀드를 최우수 펀드상, 그다음 2개 펀드 정도를 우수 펀드상으로 시상합니다. 「확정급여형 연금」은 수상 구분을 설정하고 있지 않습니다. 「투자신탁 / 종합부문」은 2013년 3월 말을 기준으로 잔액 10억 엔 이상의 펀드를 3개 이상 설정한 운용회사를 시상대상으로 하며 각 펀드 3년간의 "샤프 비율"의 잔액 가중평균치에 의한 순위를 바탕으로 상위 1개사를 「최우수상」, 그다음 1개사를 「우수상」으로 시상합니다.

샤프 비율(Sharp Ratio)

단기 확정 금리 상품에 대한 펀드의 초과수익률을 수익률의 표준편차(위험)로 나눈 수치. 위험 1단위당 초과수익률을 나타냅니다.

정보 비율(Information Ratio)

벤치마크에 대한 펀드의 초과수익률(active return)을 초과수익률의 표준편차(active risk)로 나눈 수치. 벤치마크와 비교하여 감내한 위험 1단위당 초과수익률을 나타냅니다.

이 책은 가마쿠라투신의 이사 및 자산운용부장인 아라이 가즈히로에 의한 투자자를 위한 정보제공을 목적으로 하며, 투자신탁의 권유나 판매를 목적으로 하지 않습니다.